To all those who are able to transform pain into creativity!

Schönheit

Zwischen Versprechen und Brechen

Auf der Suche war: Mart Mirente

1. Auflage 2014
Autor: Mart Mirente
Lektorat: Jana Noritsch
Printed in Germany
Verlag: tao.de in: J.Kamphausen Mediengruppe GmbH
Goldbach 2, 33615 Bielefeld
www.tao.de, E-Mail: info@tao.de
ISBN: 978-3-95529-346-8
Sprache: Deutsch

Bibliografische Information der Deutschen Nationalbibliothek:
Die Deutsche Nationalbibliothek verzeichnet diese Publikation in der Deutschen Nationalbibliografie; detaillierte bibliografische Daten sind im Internet abrufbar über:
http://dnb.d-nb.de

INHALT

Geschmack – Geschmäcker

Wann immer ich erzählte, ich würde ein Buch über Schönheit schreiben, war der erste Satz gesetzt: „*Geschmäcker sind verschieden!*“ Soll heißen: „*Wo liegt denn der Sinn, über Schönheit zu schreiben, wenn doch jeder etwas anderes als schön empfindet.*“
Ja, würde ich antreten, endlich anderen das ewige Rätsel „Schönheit“ zu lüften, so hätte dieser Einwand Recht. Denn tatsächlich hat hier jeder seine eigene Meinung. Trotzdem halten sich hartnäckig eine Reihe von Theorien, die allesamt leichten Schrittes das höchst subjektive Auge des Betrachters ignorieren und versuchen, Schönheit für alle und für jeden festzuschreiben.
Noch weniger Sinn –auflagentechnisch gesehen– hätte das Vorhaben, anderen erzählen zu wollen, was *ich* für schön halte. Man müsste schon sehr viel Zeit und Langeweile haben, ein Buch zu lesen, in dem der Autor seine höchst persönliche Sicht von Schönheit vorträgt. Sogar auf dem täglichen Weg zu Arbeit gibt es unterhaltendere Lektüre als das „Ästhetische Tagebuch eines Unbekannten“.

Der täglich grüßende Murmeltiereinwand tritt auf beiden Seiten Türen ein, die offener nicht stehen könnten. Warum also schreibe ich trotzdem und ausgerechnet über Schönheit? Ganz einfach: Ich fange an, zu schreiben, wenn andere mir keine Antwort geben, die mich zufriedenstellt.

Doch nicht die Schönheit als solche und ganze stellt mir Fragen, sondern deren Änderung. Bei jeder meiner Wahl- und Kaufentscheidungen spielen Aussehen, Farbe, Form, Design, Ästhetik oder Mode eine Rolle, ganz egal, ob es um eine Frau geht, eine Vase oder einen Hut. Doch wie schnell legt Staub sich über meine Wahl und andere Schnuppen gehen auf und stürzen, was noch eben oben stand.

Dass jeder seinen eigenen Geschmack hat, damit könnte ich noch leben. Dass ich selbst jeden Tag eine andere Meinung habe und damit in Summe keine, das ist eine offene Wunde.

Mein Geschmack hüpft trotzig wie ein Mobile im Wind. Ohne jegliche Konstanz widerspreche ich mir immer wieder selbst und damit auch all den Regeln, die hoch droben im Himmel der Ästheten, an Zahlen oder gar an Göttern hängen, wie auch immer sie dort hingekommen sein mögen. Mein Geschmack: er ist verschieden. Das zu wissen, brauch ich andere Menschen nicht.

*

Damals hatte einer eine Frage und weil er keine Antwort fand, holte er den Hammer raus und hieb sich den Frust an einem Stein von der Seele. Wer auch immer dann an diesem Mal vorüberkam, verstand, dass, was dort stand, die Wahrheit sei. In staubigen Stuben fertigen seit vielen tausend Jahren gedankenlose Schreiber davon fleißig Abschriften an. Wiederholung ließ aus Wut Weisheit wachsen.

Dies scheint mir die Erfolgsgeschichte des Satzes "Geschmäcker sind verschieden" zu sein. Wie vielen anderen Sätzen mag es ähnlich gehen? In Ermangelung eines Buches, das mir erklärt, was zu verstehen mein Geist sich weigert, will ich selber eines schreiben. Will sehen, fühlen und so lange kneten, bis ich irgendwann versteh'.

Zur Struktur:
Meine Widersprüche weisen Parallelen auf, quer durch alle Beete. Ich will deshalb dort mit meiner Fragerei beginnen, wo die Welt noch einfach ist, und wo die Hormone den Mann weitestgehend unbehelligt lassen: im Baumarkt. Wer durchhält, wird es nicht bereuen. Denn Materialien und Menschen weisen in puncto Schönheit erstaunliche Parallelen auf. Und erst diese geben dem Folgenden Würze und Fundament.

Im zweiten und sicher interessanteren Teil werden Frauen mir die Sinne rauben. Trotzdem hoffe ich einen einigermaßen klaren Kopf zu behalten. Dass ich nicht selbst auch noch eine Frau bin und im Proporz über *Männer* denke, tut mir aufrichtig leid, ließ sich aber leider auf die Schnelle nicht ändern.

Im dritten Teil soll einiges von dem im Zentrum stehen, dessen Funktion es ist, das Maximale aus menschlicher Schönheit herauszuholen: Schmuck, Kleidung etc. ... Die Verpackung! Um „Stil und Geschmack" soll es gehen.

*

Auch den Satz: „*Warum schreibst du nicht auch über Kunst?*" hörte ich mehr als einmal. Der Grund ist einfach: Ich will mir Fragen beantworten. Im Bereich der Kunst habe ich keine Fragen, denn Widersprüche finde ich hier nicht.

Schönheit von Baustoffen

■ Ausgrabungen

Dass Baustoffe irgendetwas mit Schönheit zu tun haben können, ahnte ich lange Zeit nicht einmal. Ihre Heimat war der Baumarkt und wenn ich mich doch einmal mit ihnen beschäftigte, dann unter der Maßgabe von Funktionalität und Stabilität; eine weitere wichtige Eigenschaft war Bescheidenheit. Je weniger ich von ihnen sah, desto besser.

Der alljährliche Kontakt mit meinem Schwager änderte diese Sichtweise. Er ist Absolvent der Kunstakademie und arbeitet als Architekt für ein Büro, das auf die Restauration von alten Bauwerken spezialisiert ist. Bevor sein Blick sich in die Zukunft richtet, schweift er umher: Vergangenheit und Geschichte, Nachbargebäude, die Materialien, aus denen das Gebäude besteht, einschließlich der Art, wie diese früher bearbeitet wurden; all das interessiert ihn.

*

Berufe lassen sich auch nach ihrem Verhältnis zum Privatleben ordnen: Computerspezialisten oder Masseure zum Beispiel verdienen sich von 8-16 Uhr ihren Lebensunterhalt. Von 16-8 wechseln sie dann den Ort, aber nicht die Tätigkeit, denn sie wollen nicht kleinkrämerisch die Beziehungen zu Freunden und der Großfamilie gefährden. Bleibt wider Erwarten dann doch noch Zeit, versucht ersterer seine eigenen Computerprobleme in den Griff zu bekommen. Wie gerne würde der Masseur es ihm gleichtun und jetzt seinen eigenen geschundenen Rücken gerade richten. Doch *er* ist leider gezwungen, den Gang zu Kollegen oder sogar der Konkurrenz anzutreten.

Im Gegensatz dazu ist Handwerkern ihr Können ganz und gar nicht lästig. Und dass der Beruf sie befähigt, selbst einen Nagel in die eigene Wand zu schlagen, die eigene Klospülung zu reparieren oder ein Regal zu montieren, erfüllt sie mit Stolz und schont den Geldbeutel.

Dann gibt es Berufe, die laufen zum Leben parallel. Schnittpunkte zwischen beiden gibt es kaum. Maschinenbau und Elektrotechnik wären hier zu nennen. Es soll sogar Elektroingenieure geben, die von der Reparatur einer Steckdose zurückschrecken.

Die Architekten widersetzen sich einer allzu schnellen Schublade: Je höher die Häuser, die sie bauen, desto weniger Berührungspunkte zwischen Beruf und Privatleben gibt es.

Bei den Designern von Familienwelten, Ein- und Kleinfamilienhäusern, sieht dies schon anders aus. Der Partner ist selbst Bewohner eines Hauses und insofern fachlich kompetent. Er gibt zumindest einen guten Gesprächspartner ab, wenn es um das Konzept geht.

Von der Arbeit des Künstler-Architekten erfährt man nicht unbedingt durch Gespräche. Sie tropft von allem, was er in die Hand nimmt, insbesondere wenn er selbst ein Eigenheim besitzt.

*

Ich sah meinen Schwager immer nur einmal im Jahr für zwei bis drei Wochen und trotzdem war ich schnell beeindruckt von seinem Umgang mit alten Gegenständen, Materialien und Häusern. Er versteht es, das Alte elegant mit dem Neuen zu verbinden. Kratzer stören ihn nicht und Farbreste sind für ihn Geschichte, die nicht sofort nach Auslöschung schreien.
Vergangenen Sommer erzählte er mir, wie wichtig es sei, im richtigen Moment auf der Baustelle zu sein, um zu verhindern, dass die Handwerker die Vergangenheit mit Stolz und akribischem Pflichtbewusstsein ausradieren.

Auf dem Land, wo seine Eltern im Sommer wohnen, wenn sie ihre Stadtwohnung vermieten, um sich ihre karge Rente ein wenig aufzubessern, lagert ein ganzes Arsenal von Dingen, die viele andere achtlos weggeworfen hätten: alte Ziegel, Werkzeug seines Großvaters, angebrochene Büsten, Bretter, altes Parkett, eine alte Badewanne mit Löwenfüßen, Fenster, Türen und so vieles mehr. Keines davon hätte ich früher nur eines Blickes gewürdigt.
Unter anderem stehen dort vier alte Blockhäuser, die er jeweils für eine Flasche Schnaps oder den Preis von Brennholz erstand. Die Balken wurden nummeriert, die Häuser ab- und im eigenen Garten wieder aufgebaut. Einmal durfte ich ihm helfen und war wieder ein kleiner Junge, der mit Lego spielt. Nur größer.

Ein paar Änderungen hier, ein paar Ausbesserungen dort, meistens noch eine Erhöhung der vormals sehr niedrigen Häuser, indem er sie auf eine Ziegelmauer stellte. Heute können die Bauwerke, deren Schicksal noch vor Kurzem der Brennofen oder Fäulnis war, noch einmal hundert Jahre ihren Dienst tun. Eines von ihnen ist jetzt eine Sauna. Unter dem Dach befindet sich mein Gästebett.

An dem Tag, an dem er mir die „Stadtwohnung“ zeigte, die er gerade gekauft hatte, begann sich mein Verhältnis zu alten Dingen und Materialien endgültig zu ändern. Reich war er nicht. Deshalb wunderte ich mich, dass er sich eine Wohnung mitten in der Stadt leisten konnte. Als ich sie dann zum ersten Mal betrat, verstand ich: Bei jedem Schritt befürchtete ich, die Decke über mir würde einstürzen bzw. ich durch den Boden in das darunter liegende Stockwerk fallen. Um hier zu investieren, musste man eine gehörige Portion Mut, Intuition oder Vision mitbringen. Am besten alles zusammen. Dass diese Kombination nicht so arg verbreitet war, hatte sich vermutlich stark auf den Preis ausgewirkt.

Nur ein Jahr später stand da, wo einmal eine Ruine hauste, ein kleines Juwel. Die abgezogenen Dielen verströmten einen warmen Ton, die Decken gaben den Räumen durch runde Bögen eine noch größere Höhe. Alte Stuckarbeiten, die einen neuen Platz gefunden hatten, setzten die Lampen in Szene. Im Bad waren die Wände teilweise unverputzt, die alten bröseligen Fugen waren herausgekratzt und neu verfugt. Die neuen Fliesen waren so gewählt, dass einem das Nebeneinander von Alt und Neu erst auf den zweiten Blick auffiel. Die Badtür hatte jahrelang, so erfuhr ich irgendwann, auf dem Land geschlummert und war Teil seines skurrilen Fundus‘. Ebenso ein alter Balken, der nun ausgehöhlt als „Versteck“ für eine Gasleitung diente, die von oben nach unten mitten durch das Esszimmer verlief. Er tat so, als stünde er schon immer da und das Zimmer wäre um ihn herum gebaut worden.

Spätestens jetzt, als ich sah, was mein Schwager aus dem zauberte, was viele Deutsche einschließlich meiner selbst als Abfall behandelt, abgerissen, übermalt, überspachtelt oder weggeworfen hätten, begann ich zu ahnen, dass sogar Baumaterialien ihre eigene Schönheit haben. Denn die Faszination seiner Wohnung besteht nicht so sehr in den Möbeln und der Einrichtung. Hier leben Dielen, Ziegel, Holzbalken, Stuck und Putz. Die meisten von ihnen sind immer und überall sichtbar, nichts fristet sein Dasein hinter Tapeten oder Gipskarton.

*

Das Thema Schönheit hatte mich schon eine ganze Weile beschäftigt. Nun fing ich an, auch Baustoffe und sonstige Materialien in meine Überlegungen einzubeziehen:

- *Wie kommt es, dass heute für mich schön oder aber hässlich sein kann, was 40 Jahre lang meiner ästhetischen Wahrnehmung komplett entgangen war?*
- *Gibt es Schönheit, die ganz ohne lästige Werbung und jahrelange Manipulation entsteht?*

■ Eine Wohnung - viele Geschichten

Vielleicht machten meine Frau und ich nur eine Tugend aus unserer Not, als wir uns für genau diese Wohnung entschieden: Einen Neubau konnten wir uns nicht leisten, zumindest nicht in dieser Größe. Meinen Widerstand gegen Altbau hatte ich aufgrund der Arbeiten meines Schwagers schon lange aufgegeben. Vor die Alternative gestellt, einen fertig renovierten Altbau zu kaufen oder doch lieber selbst zu renovieren, entschieden wir uns ohne Zögern für Variante zwei. Denn so wurden wir zu Bauherren und konnten selbst bestimmen, wie genau wir leben werden.

Darüber hinaus stand ich mittlerweile einer ganzen Reihe von Baustoffen sehr distanziert gegenüber. Sie finden meistens im Trockenbau Anwendung und waren Teil fast jeder renovierten Wohnung, die wir besichtigten. Last but not least war diese Wohnung in einem weit besseren Zustand, als die, die mir einmal ein Unwohlsein in die Magengegend gezaubert hatte.

„Alles halb so schlimm," sagten wir uns. „Das schaffen wir schon!" Sollten alle Stricke reißen und wir einmal nicht weiter wissen, konnten wir uns jederzeit Rat bei meinem Schwager holen.

Eigentlich war es nicht *eine* Altbauwohnung, sondern derer *zwei*, die auf einem Stockwerk lagen. Die hellere davon war bestimmt, der Wohnbereich zu werden: im Wesentlichen ein einziger großer Raum, in dem Küche, Esszimmer und Wohnzimmer ineinander übergingen. Hierzu entfernten wir fast alle Trennwände und unterfingen die Decken mit Stahlträgern. Als dann der Mieter in der dunkleren Wohnung, die der Schlafbereich werden sollte, wie versprochen auszog, verwandelte ein relativ einfacher Durchbruch zwei kleine Altbauwohnungen in ein stattliches 170 qm-Altbau-Loft.

Sollten Sie Ähnliches vorhaben, machen Sie bitte nicht den gleichen

Fehler wie ich. Es lohnt sich, eine Firma zu engagieren, die Erfahrung im Altbau nachweisen kann, auch wenn dann der Stundenlohn ein paar Euro höher liegen sollte. Denn das Risiko ist hoch, dass die vermeintlichen Einsparungen von den Ausgaben für Sachverständige und Anwälte mehr als aufgefressen werden.

Der vorwurfsvolle Blick des Nachbarn, der sagt: „Sie haben meine Wohnung kaputt gemacht!", ist ohnehin unbezahlbar. Hatte dieser einmal den ersten Riss in seiner Wohnung entdeckt, weil meine Handwerker den Unterschied zwischen Stahlbeton und Sand als Mörtel ignorierten, untersuchte er seine ganze Wohnung akribisch mit der Lupe.

Zu seiner Entschuldigung sei erklärt, dass Tapeten sehr gut geeignet sind, Risse zu verdecken. Doch bei auch nur den kleinsten Verschiebungen der Wand werfen die Tapeten zick-zack-förmige Krater und vergrößern wie ein Elektronenmikroskop jeden noch so kleinen Riss auf das Hundert- bis Tausendfache. Da kann der Besitzer dann schon mal Angst bekommen und befürchten, seine Wohnung sei jetzt einsturzgefährdet.

Die Achtlosigkeit meiner Handwerker hatte drei Risse zur Folge. Drei seiner vier Zimmer und der Gang waren betroffen. Die fachmännische Reparatur eines Risses war nicht mehr als eine Stunde Arbeit. Drei davon mal zwei (jede Wand hat zwei Seiten): in weniger als 6 Arbeitsstunden waren die Wände an den besagten Stellen in einem besseren Zustand als vorher.

Leider musste nun auch die Optik wieder hergestellt werden. Und genau hier fing die eigentliche Leidensgeschichte an: Den ausgeblichenen Farbton der herausgeschnittenen Tapete nachzumischen wäre kein Problem gewesen. Doch die alte Tapete war mehrfach überstrichen. Ihre Textur, sofern vorhanden, war ein Unikat und nicht käuflich zu erwerben. Blieb also nur, die betroffenen Zimmer komplett neu zu tapezieren. Auf die Idee, zuerst die fehlenden Bahnen zu ersetzen und dann einmal komplett drüber zu tapezieren, kam ich leider nicht.

Fast die ganze Wohnung lag plötzlich nackt vor *mir* und dem Geschädigten - und was vormals achtlos unter vielfach übermaltem Papier schlief, zerstörte ihm durch Augenfälligkeit den Traum von den eigenen heilen vier Wänden. Hunderte von Rissen und Narben gaben meinem Nachbarn das Gefühl, in einer Ruine zu leben. Für jeden einzelnen von ihnen war nun ich verantwortlich.

Die ungerechtfertigten finanziellen und rechtlichen Ansprüche konnte ich mit Hilfe eines Sachverständigen leicht abwehren. Die moralischen Folgeschäden wurde ich bis zu meinem Auszug nicht los.

*

Den Abriss von Wänden und ihren Ersatz durch Stahlträger nennt man Unterfangung. Bei der Wahl der zuständigen Firma machte ich also meinen ersten und gleichzeitig wichtigsten Fehler. Eine ganze Reihe von unvermeidlichen Konsequenzen einer solchen Baumaßnahme hatte ich nur unzureichend bedacht: Nicht nur der Blick kann schweifen. Auch Geruch, Wärme und Schall breiten sich aus. Dank funkgesteuerter Kopfhörer konnten wir uns bald wieder ganz normal in der Wohnung unterhalten, wenn unser großer Sohn fernsah.

Dass eine Zimmertür als Wohnungstür firmiert, sieht der Fachmann mit einem einzigen Blick an der Anzahl der Bänder. Dem Laien fällt dies erst dann auf, wenn andere ergänzende Schallschutzeinrichtungen wegfallen, wie zum Beispiel Zimmerwände. Ein Mangel an

Privatsphäre stellte sich ein, da die Passanten im Treppenhaus Teil des familiären Wohngefühls wurden.

Auch der rissgeschädigte Nachbar litt unter den fehlenden Wänden. Früher wäre zum Beispiel mein Klavierspiel nur in dem direkt darüber liegenden Zimmer hörbar gewesen. Notfalls hätte er vorübergehend in ein anderes Zimmer umziehen können, um sich der lästigen Beschallung zu entziehen. Jetzt jedoch breitete sich die Geräuschkulisse zuerst in meiner Wohnung ungehindert aus und fraß sich dann –wo immer möglich– zeitgleich nach oben. Da die Fehlböden aufgrund des Alters unzählige Schallbrücken aufwiesen, war dies praktisch überall.

Eine neue Wohnungswohnungstür anstelle der Wohnungszimmertür hätte uns beiden geholfen, da *so* wenigstens das Treppenhaus als Schallbrücke weggefallen wäre. Doch die verfahrene emotionale Lage ließ dies nicht zu. Denn ich war Teil einer sogenannten Wohnungseigentümergemeinschaft, kurz WEG. Diese muss allen Veränderungen am Gemeinschaftseigentum zustimmen. Der Geschädigte hatte sich entschieden, von nun an jeden meiner weiteren Anträge zu blockieren, auch wenn er selbst darunter zu leiden hatte.

So, und jetzt nähern wir uns ganz allmählich unserem eigentlichen Thema: der Schönheit von Baustoffen. In meiner Naivität hatte ich komplett übersehen, dass in einem Altbau jedes Zimmer eine eigene Geschichte, anderen Unterbau, individuelles Niveau und Gefälle hat. In dem einen Zimmer war permanent aufgebaut worden, in dem anderen abgerissen, weil ein Wasserschaden das Holz beschädigt hatte. Waren die Wände erst einmal geschleift, fanden sich überall in meiner Wohnung Stufen. Und die Kanten verliefen so gut wie nie parallel.

Als Bauherr musste ich mich also unerwarteterweise auch noch mit den Eigenschaften von den diversen in Frage kommenden Baumaterialien auseinander setzen. In Ermangelung von schnellen Antworten schuf ich mit Estrich fließende Übergänge, und zwar so, dass ich das Provisorium jederzeit problemlos mit ein paar Schlägen herausnehmen konnte. Das war nicht unbedingt schön, aber ich gewann Zeit.

Immer länger zögerte sich die Fußbodenlösung hinaus und fortwährend wollten neue Fragen beantwortet werden. Kinder würden bald am Boden krabbeln und spielen. Nicht nur schön, auch angenehm sollte er sein, der Boden. Ich hatte Pressspanplatten herausgenommen und schöne alte Dielen freigelegt. In der Folge wurde ich von meiner Nachbarin in der Wohnung unter uns gebeten, Teppiche zu verlegen. Welche Möglichkeiten gab es, Altbauböden mit Trittschallschutz nachzurüsten?

Auf der Suche nach dem idealen Bodenbelag musste ich nicht in den Baumarkt gehen und probeschlafen. In meiner Wohnung stießen unterschiedlichste Materialien auf engstem Raum aufeinander. Ich konnte fast alle Beläge über Monate im direkten Vergleich studieren: Auf der einen Seite Pressspan, auf der anderen Parkett, hier die ursprünglichen Bodenbretter und dort Fischgräte. Ästhetisch war Pressspan eine Zumutung, haptisch gesehen Laminat mit seiner hoch verdichteten Oberfläche. Darauf wollte ich nicht einmal barfuß gehen. Sogar versiegeltes Parkett, egal ob alt oder neu und aus welchem Holz auch immer, fühlt sich kalt an. Wie sollte es Kindern Spaß machen, stundenlang auf kalter Eiche zu sitzen und zu spielen?

Haptik und Funktionalität paarten sich unversehens mit Ästhetik. Keiner der zur Verfügung stehenden modernen Optionen erfüllte meine Ansprüche an einen Bodenbelag. Die alten Dielen, die ich in einem Zimmer ausgegraben hatte, waren für den häuslichen Barfuß-

läufer trotz deren abgenutzter und ausgetretener Oberfläche immer noch der angenehmste Belag.
Einen Boden wie ihn mein Schwager hatte wollte auch ich haben. Alte Dielen! Möglichst breit und lang. Doch: woher nehmen und nicht stehlen?

Kürzlich besuchten wir Bekannte, deren Haus von den Vorbesitzern sehr gelungen renoviert wurde. Vor allem der Fußboden aus geölten Dielen schafft eine sehr warme Atmosphäre. Meine Bekannten kamen gerade aus dem Urlaub und beschwerten sich darüber, wie kalt und unwohnlich dort die Wohnung aufgrund des Laminatbodens gewesen sei. Der Vergleich hatte ihre Sinne geschärft.

□ Tief in den Eingeweiden eines Herrenhauses

Ein Weg zu alten Dielen war der Rückbau mit eigenen Händen. Ich machte eine Abrissfirma ausfindig, die mir kostenlos den Boden einer zirka zweihundert Jahre alten Villa, die demnächst abgerissen werden sollte, überließ. In ihrem Speicher war der Rückbau nicht schwierig: die Dielen lagen offen da, teilweise etwas vom Holzwurm angebohrt, aber das störte nicht.
Ich fand es spannend, auf wie viele unterschiedliche Weisen sie fixiert waren. Schrauben aller Art, moderne und handgeschmiedete Nägel, sogar Holzdübel fanden sich. Schnell lernte ich, wie man nötigenfalls mit einer alten Kneifzange und einem Hammer die Köpfe kappte, um das Brett zu heben, wenn ein Nagel oder eine Schraube nicht weichen wollte.

Eine andere interessante Erkenntnis war, dass damals zuerst die Dielen verlegt wurden und dann die Wand verputzt. So wurden lästige Fugen zwischen Boden und Wand aufgrund des Schwundes der Dielen in der Länge vermieden.

Leider war von dem, was ich fand, viel durch Feuchtigkeit und Holzwurm zerstört und die Beute reichte lange nicht aus, um meine Wohnung komplett auszulegen. Ich lief Gefahr, mit nur einem Bruchteil des Erhofften nach Hause zu kommen. Also nahm ich auch *die* Zimmer in Angriff, die nur wenig mehr als viel Arbeit versprachen. In einem davon grub ich mich durch die gesamte Geschichte des Hauses: Teppich, Laminat, PVC, Linoleum, Pressspan, dann eine komische Ausgleichsmasse, die ungefähr wie getrockneter Haferbrei aussah. Insgesamt sieben (!) Schichten. Der Lohn waren schöne alte Fichtendielen von fünf (!) Zentimetern Dicke. An der Unterseite waren sie nur mit dem Beil bearbeitet, was zeigte, wie alt sie waren.

Der Schwund des Holzes hatte Fugen zwischen den Dielen klaffen lassen, die seinerzeit normalerweise mit schmalen Streifen aus Holz aufgefüllt wurden. Dazu hatte der damalige Besitzer wohl keine Lust oder er wollte unbedingt einen modernen Bodenbelag. Was immer auch der Grund gewesen sein mag, er hackte Löcher in die Dielen, um dem „Haferbrei“, den er als Ausgleichsmasse darübergoss, eine Angriffsfläche zu geben. Dann wurden 5 Meter lange und 50 cm breite Dielen feierlich unter Linoleum beerdigt. Immer wenn der oberste Belag nicht mehr gefiel, wurde in den kommenden Jahrzehnten fleißig darübergelegt, -geklebt oder -geschraubt.

Niemand hatte jetzt noch Lust auf Ausgrabungen. Zu groß war die Gefahr, alles wieder schließen zu müssen, wenn sich herausstellen sollte, dass es keine Schätze gibt?

*

Der Weg durch die Geschichte beschäftigte mich in den darauffolgenden Wochen und Monaten nicht weniger als mein schönster Fund. Das (für mich) mit Abstand wertvollste und schönste Material lag lange unter vielen anderen begraben, die ihm in keiner Weise das Wasser reichen konnten.

Da ich mich darüber hinaus seit Monaten im Clinch mit meinem Nachbarn befand, der mich seit meinem Umbau nicht mehr grüßte, weil er sich aller Illusionen über seine heile Welt beraubt sah, fing ich an, das Erlebte schriftlich zu verdauen. Nie hätte ich gedacht, dass dass ich ihm einmal mehr als dankbar sein würde!

■ Kleine Kritik des Geschmacks

Dass *Geschmack* und *Schönheit* austauschbar sind, kann und will ich noch immer nicht glauben. Doch wo endet der eine und wo fängt die andere an? Begrifflich gesehen ist die Sache klar:

- *Schönheit ist eine Eigenschaft dessen, was meine Empfindungen auslöst. Das Objekt ist schön (oder ist es nicht).*
- *Im Gegensatz dazu hat Geschmack vor allem mit mir selbst zu tun.*

Doch je öfter ich den Satz „Geschmäcker sind verschieden!" höre, desto mehr klingt es für mich, als existiere Schönheit gar nicht, sondern nur Geschmack. Er scheint allmächtig zu sein und Schönheit nur das Produkt seiner Autorität.
Meine Suche da draußen wäre zu Ende, schlimmer noch, sie hätte nie beginnen dürfen. In mir selbst müsste ich bohren. Ich, nicht die Diele, wäre der Grund aller Ungereimtheiten.

Irgendetwas in mir rebelliert! Die diversen Theorien sehen die Sache ähnlich und schlagen sich mit Argumenten auf die Seite des Objektes. Würde ich ihnen glauben: guter Geschmack und gute Erkenntnis wären ein und dasselbe. Schlechter Geschmack nichts anderes als Dummheit.
Doch warum verstricke ich mich andauernd in Widersprüchen? Habe ich also bezüglich ein und derselben Sache einmal guten Geschmack und dann wieder nicht? Hat mein guter Geschmack sporadische Systemausfälle?
Ich will innehalten und nach Sonderfällen suchen, die mir das gute Gefühl geben, dass Schönheit tatsächlich existiert.

□ **Wahlen in Amerika**

Auf einem Kongress über Nachhaltigkeit sah ich einmal vor Jahren die Dokumentation „Story of Stuff". Darin klärte mich Annie Leonard auf, dass 99 Prozent von allem, was in den USA gekauft wird, nach sechs Monaten in irgendeiner Ecke vermodert. Nur 1 Prozent aller Güter sind dann noch in Gebrauch. Wie es scheint, geht es den meisten US-Amerikanern genau wie mir.

„Stetig wachsender Konsum" – so die amerikanische Kritikerin – ist seit Jahrzehnten die nationale Strategie, auf dem die amerikanische Wirtschaft ruht. Regelmäßiges „Re-design", kleinste Änderungen, an denen alle erkennen können, wie „alt" etwas ist, zwingt den Einzelnen, immer auf dem neuesten Stand zu sein. Das Umfeld spielt „Big Brother" und „spornt an", sich unabhängig vom tatsächlichen Bedarf immer neu auszustatten.

Ich nehme einmal an, dass es sich bei dem verbleibenden 1 Prozent um Autos, Kühlschränke und ähnliche große und teure Güter handelt, bei denen es nicht ganz so einfach ist, das Gekaufte schnell mal auf den Speicher zu stellen oder in die Mülltonne zu werfen. Vermutlich würde bei deren Ausschluss die Statistik noch weiter ins Absurde gesteigert.

Welche Argumente kann es geben, Dinge zu ersetzen, die noch wunderbar ihren Dienst tun? Ja, rein theoretisch wissen wir alle, dass die Werbung uns manipuliert. Praktisch gesehen *gefällt* uns das, was wir gerade kaufen und wenn es ein anderes ersetzt, gefällt es eben besser als das, was wir schon haben.

Dinge können mir also heute gefallen und tun es schon morgen nicht mehr; andere treten an ihre Stelle. Bald schon sind auch sie wieder von Platz 1 meiner Hitliste für Toaster, Hosen und Schuhe verschwunden. Ich kann und will hinter diesen überaus flüchtigen Interessenbekundungen, die zudem mit großer Wahrscheinlichkeit dem Einfluss von geschickter Werbung geschuldet sind, nicht meinen Geschmack am Werk sehen. Denn *heute so und morgen wieder anders* entspricht ganz und gar nicht meinem Verständnis von Geschmack.

Annie Leonard geht es um die Tatsache, dass immer neue Dinge gekauft werden, obwohl kein echter Bedarf besteht. Mich hingegen interessiert, dass das meiste von dem, was ich *wähle*, schon wenige Monate später wieder *abgewählt* ist. Wo gestern ein *Ja* stand, steht heute ein *Nein*. Eine nie zur Ruhe kommende Abrissbirne schwingt vor meinen Augen hin und her und schafft Platz. Nur bis zu ihrer Rückkehr in wenigen Augenblicken darf das, was an der freien Stelle wächst, sich einbilden, etwas Besonderes zu sein.
Mit Geschmack hat das meinem Empfinden nach wenig zu tun, denn Geschmack erzählt mir etwas von Konstanz und Langlebigkeit. Er mag sich verändern. Doch er tut dies allenfalls langsam. Sprunghaftigkeit gehört nicht zu seinen Eigenschaften.

Ich will deshalb Launenhaftigkeit von meinen Untersuchungen ausschließen. Immer dann, wenn das Objekt meines Urteils gar keine Zeit hat, sich zu verändern und mein Urteil trotzdem die Meinung wechselt, ist *eben nicht* Geschmack am Werk. Was hier wirkt ist genau sein Gegenteil: *Abwesenheit von Geschmack.*[1]
Nicht *ich* empfinde hier etwas als schön, sondern etwas gaukelt sich mir vor. So weh es tut: Die Widersprüche, in die ich mich immer wieder verwickle, sind wenigstens teilweise dem *Fehlen* von Geschmack geschuldet. Nicht *ich* kaufe, sondern *andere* entscheiden über meinen Kauf. Dass meine Halluzinationen am nächsten Morgen zerplatzen

1 Zur Wirksamkeit von etwas, das gar nicht existiert, kommen wir gleich.

wie eine funkelnde Seifenblase, ist also normal und kann kein Grund sein, ein Buch zu schreiben. Muss ich aufhören, nachzudenken, nur weil ich immer wieder auch Spielball anderer bin?

Nein! Ganz so schnell will ich mich nicht geschlagen geben. Denn ich kenne Menschen, die derartige Gemütsschwankungen nicht an den Tag legen, obwohl sie über das nötige Kleingeld verfügen. Auch kommt es vor, dass mir Dinge und sogar Menschen, die ich bereits lange kenne, irgendwann vertraut und schön sind.

*

Die Frage nach dem Unterschied von Schönheit und Geschmack ist also immer noch nicht beantwortet. Vielleicht ist es ja so, dass Geschmack und fehlender Geschmack sich wie Wasser und Luft in einem Glas verhalten. Wer Geschmack hat, dessen Glas ist voll. Er ist immun gegen manipulierenden Einfluss.

Bin ich also eine Kleinkunstbühne, auf der andere Menschen jeden Tag ein neues Stück aufführen, weil ich keinen eigenen Spielplan habe? Zugleich sitze ich im Publikum und applaudiere zu allem, was die Schauspieler auf meiner Bühne zum Besten geben? Ich will weitersuchen...

□ ebay

Am Ende meiner Ausgrabungen hatte ich Material für die halbe Wohnung erobert. Ich musste also noch woanders Dielen finden. Überraschenderweise wurde ich bei ebay in der Rubrik „Alte Baumaterialien“ fündig. Die Preise waren in der Regel sehr hoch. Und wenn es einmal ein Sofortkauf-Schnäppchen gab, dann war der ‚Standort' am anderen Ende Deutschlands und der Transport ein Alptraum. ebay: Der Anbieter signalisiert die Hoffnung, dass sich wenigstens zwei Liebhaber finden, die sich um den fraglichen Gegenstand streiten und so den Preis in die Höhe treiben. Sollte daran Zweifel bestehen, hilft die Sofortkauf-Option, trotzdem den erhofften Preis zu bekommen.

Ich stellte mir die Frage, mit welchen Argumenten sich jemand für diesen oder jenen Baustoff entscheiden wird. Funktionalität und Preis sind zwei von ihnen: Pressspan und Laminat liegen hier ganz weit in Führung. Mit etwas Abstand folgt modernes Parkett, denn aufgrund der vielen Schichten behält es seine Form. Kein Wölben oder Schrumpfen beleidigt das Auge des Bewohners.
Wer sich jedoch für massives altes Holz entscheidet, der akzeptiert ein Vielfaches an Arbeit bei weniger Ebenheit. Trotzdem bietet *immer* irgendwo in Deutschland jemand alte Dielen an und stets streiten ein paar Liebhaber sich bis auf's Blut. Die Preise übersteigen dann sehr oft die von neuem Parkett; ganz abgesehen davon, dass auch das Verlegen der alten Dielen viel teurer ist als das von modernen Böden. Wenn man denn einen Meister fände, der mit solchem Material noch umzugehen weiß.
Interessiert sich also jemand für gebrauchte Materialien, scheiden funktionale und wirtschaftliche Gründe aus. Darüber hinaus ist es eine Entscheidung gegen den Trend und jede Mode. Auch geschickte Manipulation kommt nicht in Frage, da gebrauchte Baustoffe sich nicht im Baumarkt finden lassen.

Die erkenntnistheoretischen Folgen in Kürze zusammengefasst:

1. Ich kann etwas als schön empfinden, auch wenn keine Werbung mich konditioniert (alte Dielen zum Beispiel).
2. Mit dem Alter der Baustoffe variieren die Gründe für den Kauf: Neue Baustoffe werden aufgrund von Funktionalität und Preis gekauft, bei alten Baustoffen ist es vor allem deren Schönheit – oder mein Geschmack. Noch habe ich keine Ahnung, wer von beiden hier die Verantwortung trägt.
3. Mir fiel auf, dass keines der Materialien, denen ich auf meinem Weg in die Tiefe begegnet war, in gebrauchtem Zustand auch nur irgendeinen anderen Menschen zu interessieren schien. Oder warum sonst lief mir bei ebay keines davon je gebraucht über den Weg? Manche Materialien werden also nur dann gekauft, wenn sie makellos sind. Ab einem gewissen Alter hält niemand mehr sie für schön.
   Andere Materialien hingegen erfreuen sich immer einer (wenn auch kleinen und mitunter elitären) Anhängerschar. Sie sind Oldtimer, deren Preis mit jedem Jahr noch höher steigt.

Halt! Das ist es! Ich habe soeben eine ganze Reihe von Dingen gefunden, die niemand als schön empfindet: *alte* Teppichböden, *alter* Pressspan, *altes* Linoleum. Es gibt *keinen* Geschmack, der so mächtig wäre. Es stimmt also: mein Geschmack wählt Schönheit oder übersieht sie. Aber er schafft sie nicht! Ein Stein fällt mir vom Herzen: ich darf weiterforschen.

*

Der Begriff „Geschmack“ hat Grenzen bekommen. Ich will ihn von jetzt an nur dann verwenden, wenn sich etwas Konstantes in meinem Empfinden feststellen lässt. Dann, wenn einer etwas auch einmal gegen den Trend mag; wenn es ihm egal ist, was andere von seiner Wahl denken. Wenn ihm ein Design auch noch nach ein paar Monaten gefällt.
Andernfalls ist diese Gefühlsregung vermutlich nichts anderes als eine emotionale Reaktion, die nur deshalb möglich ist, weil mein Geschmacksglas mehr leer als voll ist.

Um es noch einmal anders auszudrücken: Geschmack ist eine Art Liebesentscheidung. Und Liebe trifft ihre eigene Wahl. Sie ist überraschend und unvorhersehbar. Aber es ist eine Wahl, die zumindest für eine gewisse Zeit Bestand hat. Liebe mag bisweilen von Emotionen ausgelöst oder verstärkt werden, aber sie ist nicht von ihnen abhängig. Sonst wäre sie nur eine Liebelei oder Verliebtheit.

■ In Würde altern

Ich fing an, Materialien in zwei Gruppen einzuteilen: solche, die „in Würde altern“ können - so meine etwas poetische Formulierung für das entdeckte Phänomen - und solche, die das nicht können.
Mit Eintritt in die Kollegstufe fiel mir auf dem Speicher die lederne Schulmappe meines Vaters in die Hände. Bis zum Abitur begleitete sie mich. Nicht ein einziges Mal wurde ich herablassend angesprochen, was ich doch für eine unmoderne Tasche hätte. Im Gegenteil! *Weil* die Tasche so zeitlos war, war sie cool, nicht nur für mich, sondern auch für andere.
Bei einem Schultornister aus Kunstleder kann ich mir dergleichen kaum vorstellen: mit der Zeit nutzt sich die oberste Schicht ab; bald ist der Tornister unansehnlich und wird ausrangiert. Auf dem Flohmarkt könnte er vielleicht fünfzig Cent bringen, da er noch eine Weile seinen Dienst verrichten kann und der Käufer auf jeden Penny achten muss. Wenn überhaupt, dann wird der Tornister gekauft, *obwohl* er alt ist und nicht, *weil* er alt ist. Bei ebay ist er schon allein aufgrund der Versandkosten nicht zu finden.
Ganz anders ist es bei einem Alu-Koffer. Niemand wird den ersten Kratzer lieben. Aber sind es erst einmal viele, stören diese nicht mehr. Es kann sogar vorkommen, dass er jetzt *wegen* der Kratzer gekauft wird. Erst vor Kurzem ging mein seit Jahren gehegter Wunsch in Erfüllung: Ich durfte einen Stahl-iPod mit unendlich vielen Kratzern bewundern.

□ Einspruch

Ein Freund machte mich darauf aufmerksam, es sei nicht grundsätzlich auszuschließen, dass ein alter Schultornister aus Kunstleder einmal zum Kult werden könne und dass er damit wieder schön sein würde. Mir stellten sich sofort eine ganze Reihe von Fragen:

- *Warum wird etwas Kult?*
- *Was hat Kult mit persönlichem Geschmack zu tun? Gefällt etwas, weil es Kult ist oder ist es Kult, weil es vielen gefällt? Anders ausgedrückt: Gefällt mir etwas, weil es mir gefällt oder weil es anderen gefällt?*
- *Warum können alle etwas jahrelang missachten, um es dann in den Kultstatus zu erheben?*

Wenn etwas nicht schön ist und wird zum Kult, dann bewegen wir uns meiner Meinung nach schon wieder sehr nahe an *der* "Schönheit", die darauf spezialisiert ist, sich im geschmacksfreien Raum auszubreiten. Diesmal als Massenphänomen.

□ Was lässt Materialien in Würde altern?

Dass manche Materialien in Würde altern und andere nicht, daran bestand kein Zweifel. Doch was genau war der Grund dafür? Folgende Gemeinsamkeiten von Materialien, die inWürde altern lassen, konnte ich nach und nach identifizieren:

- *Sie müssen zunächst einmal eine lange Lebenserwartung haben: Steine, Holz, Leder, Glas, Stahl, Alu, Eisen, Kupfer, Titan, Wolle ... können damit aufwarten.*
- *Eine Voraussetzung für eine lange Lebenserwartung ist, dass die kleinen Narben des Lebens deren Existenz nicht infragestellen (können). Nägel und Schrauben und dergleichen, die in sie ein-*

dringen, töten sie nicht. Die Verletzungen hinterlassen Narben, aber die Materialien tun weiter ihren Dienst und sie stören das Aussehen nicht maßgeblich.

- *Die Materialien sind also „leidensfähig“ und ihre Geschichte ist in ihnen eingemeißelt. Natürlich hat jedes Material trotzdem seine ihm eigene Grenze, bis zu der es belastet werden kann. So kann ich zum Beispiel Glas bei ausreichend hoher Gewalteinwirkung zerbrechen. Einwirkungen unterhalb der Bruchgrenze hinterlassen Kratzspuren, die den einen stören, der andere findet sie schön.*
- *Narben sind eine Verbindung zu dem, der sie ihnen zugefügt hat. In vielen Fällen sind dies Menschen. Die Geschichte dieser Materialien steht also oft in einer Beziehung zur Geschichte ihrer Besitzer und Benutzer.*
- *Materialien, die in Würde altern können, haben sehr oft das Potential, wiederverwendet zu werden: Ziegel tun ihren Dienst für ein neues Haus, aus dem Holz eines alten Schrankes wird ein Regal, eine Eisenbahnschiene kann zerschnitten und zu Briefbeschwerern umfunktioniert werden. Aluminium kann eingeschmolzen werden oder der Koffer wird ein Kunstobjekt.*
- *Die meisten dieser Materialien wurden nicht vom Menschen „hergestellt“. Es handelt sich um natürliche Materialien.*

Die letzte Gemeinsamkeit ist für mich gleichzeitig auch die interessanteste: in der großen Mehrheit können nur natürliche Materialien in Würde altern. Auf der Suche nach den Gemeinsamkeiten von Materialien, die *nicht* in Würde altern können, will ich deshalb mit dem Menschen beginnen.

□ **Aufgabenteilung macht Materialien schizophren**

Wenn der Mensch sich anschickt, ein Material herzustellen, dann achtet er auf dreierlei:

1. Funktion
2. Kosten
3. Aussehen

Um diese drei Ziele gleichzeitig zu erreichen, reißt er –so meine Beobachtung– notfalls das Innen und das Außen auseinander:

- *Das Innere erfüllt die ökonomischen und ggfs. technischen Kriterien.*
- *Das Äußere ist für die Optik zuständig und muss ebenfalls kostengünstig sein. Es wird aufgeklebt.*

Interessant ist, dass in puncto Aussehen außergewöhnlich oft natürliche Materialien mit Akribie kopiert werden. Bei Pressspan zum Beispiel besteht das Material aus einer Mischung von Sägespänen und Klebstoff. Wollen wir ihm ungeschminkt ins Antlitz sehen, dann gehen wir in den Baumarkt. Denn auf freier Wildbahn ist der gemeine Pressspan so gut wie gar nicht anzutreffen. Vor allem dort nicht, wo auch nur der geringste Wert auf Ästhetik gelegt wird.
Es geht ihm nicht viel anders als den Aliens in „Men in Black". Er hat eine Form anzunehmen, die dem Menschen vertraut ist: Wird er Fußboden, dann wird ein anderes Material hauchdünn darüber gelegt. Fungiert er als Wand, wird tapeziert. Soll er Möbel sein, wird furniert. Echtholzoptik steht ganz allgemein sehr hoch im Kurs.

Ich habe noch niemanden gefunden, der Pressspan als schön bezeichnet. Gerne würde ich einmal den Geschäftsführer eines pressspanherstellenden Unternehmens besuchen und sehen, woraus seine Möbel bestehen: Pressspan furniert oder doch eher Vollholz?

□ **Identität lässt in Würde altern**

Je mehr ich darüber nachdenke und in der Praxis überprüfe, welche Materialien in Würde altern können und welche nicht und ob diese mir gefallen oder nicht, desto klarer wird, dass die Einheit von Innen und Außen für mich nicht einfach *eine* Eigenschaft unter anderen ist. Sie steht (mittlerweile) im Zentrum meines Schönheitsempfindens. Ich nenne diese Schönheit im Gegensatz zur aufgeklebten Schönheit: „Identität". Denn sie hat etwas mit dem zu tun, was das Material *ist* und nicht mit dem, wie mir das Material *erscheint*. Es geht darum, dass ich *außen* sehe, was das Material *innen* ist.

Den meisten Materialien, die *nicht* in Würde altern, ist gemeinsam, dass das Innere nicht das Geringste mit dem Äußeren zu tun hat. Künstlichen Materialien fehlt es meist an *Identität.*

Sobald Kratzer oder leichte Beschädigungen die ersten Blicke auf die Lüge fallen lassen, steht fest: Nicht einmal der Lügengladiator Käpt'n Blaubär fände jetzt noch eine Geschichte, die hier den baldigen Wurf des Möbelstücks aus dem Fenster verhindern könnte. Zumal die Raparatur aufgeklebter Schönheit nicht einfach ist. Eine neue Lüge ist auf alle Fälle billiger als eine Notlüge.

Wer wird das Pressspanregal vor der Sperrmüllpresse retten? Fände sich wider Erwarten tatsächlich einer, so wären auch hier die Gründe für seine Tat auf keinen Fall Geschmack oder Schönheit. Auch jetzt ist es vermutlich allein der Geldbeutel, der über Wohl und Wehe entscheidet.

*

Interessanterweise zeigte sich mir der Zusammenhang von Identität und Schönheit erst dann, als ich über künstliche Materialien nachdachte: durch ihre Abwesenheit.

Heute gibt es kein Material mehr, das mir gefallen könnte, wenn ich nicht sofort sehe, mit was ich es zu tun habe. Auch gefällt mir nur ganz wenig von dem, was dazu dient, einen Mangel an Substanz zu verdecken:

- *Pressspan und Tapete habe ich Hausverbot erteilt.*
- *Spachtelmasse, die Geschichte und Identität verdeckt, geht es nicht besser.*
- *Gips wird, wo ich ihn entdecke, herausgebrochen und durch Mörtel ersetzt. Die Bohrlöcher in meinem Sichtmauerwerk stören mich nicht im Geringsten.*

■ Schönheit von Dingen

Das erste, was ich also heute bei Dingen sehe, ist das Material, aus dem sie bestehen. Trägt dieses bereits die Lüge in sich, dann kann auch die Sache selbst für mich nicht mehr schön sein. Über den Klassiker habe ich mich mittlerweile umfassend ausgelassen.

Ein weiteres fundamentales Vergehen gegen die Identität ist eine Lüge in Bezug auf das Alter: Ein neuer Schrank, der vorgibt, alt zu sein. Bei ebay findet sich eine Unzahl von Möbeln, die auf den ersten Blick Antiquitäten sind. Auf den zweiten Blick handelt es sich um Neuware, die „auf alt" gemacht ist. Komisch: Möbel wollen älter sein, um Wert zu haben und Menschen jünger.

Materialien verhalten sich für mich in puncto Schönheit heute fast durchgängig *digital:* 0 – 1. Sie sind schön oder hässlich; sie besitzen Schönheit oder nicht. Ein Dazwischen gibt es nicht.

Was Dinge angeht, ist es schon ein wenig schwieriger. Ich mag Vollholz. Trotzdem kann ich zum Beispiel Bauernmöbeln nicht so viel abgewinnen, denn sie sind mir zu verspielt. Die Schönheit des Materials ist also eine conditio-sine-qua-non, wie es so schön heißt: eine Grundbedingung. Doch diese reicht noch lange nicht aus, damit mir etwas auch tatsächlich gefällt. Noch viele andere Details entscheiden, ob mir etwas gefällt oder nicht.

Was Menschen angeht, will ich nicht vorgreifen. Nur so viel sei gesagt: Es finden sich überraschen viele Parallelen zu Materialien und Dingen. Aber dazu später mehr.

Schönheit von Oberflächen

Wie kann ich in der Einleitung sagen, Schönheit sei für mich viel zu oft und vielleicht sogar systematisch vergänglich und nun mache ich die Identität zu *meinem* „Schönheitskriterium"? Habe ich gelogen?

Zu meiner Verteidigung sei Folgendes zu Protokoll gegeben: Seit geraumer Zeit beobachte ich mein Empfinden und befrage fast jede meiner Kaufentscheidungen. Wie es scheint, ist das nicht ohne Wirkung geblieben. Der wichtigste Grund dafür, dass sich mein Gefühl heute nicht mehr so benimmt wie noch vor ein paar Jahren, ist mit Sicherheit die Entdeckung der Identität. Mein Auge will heute immer hinter die Fassade sehen. Gelingt mir das nicht sofort, gehen meine Warnlampen an. Doch das eine zu loben (die Identität) und das andere (die Oberfläche) totzuschweigen ist nicht redlich. Im Folgenden will ich mich deshalb wenigstens kurz - aber intensiv - mit der Oberfläche auseinandersetzen.

Bei der Gestaltung meines Lofts hatte ich ein Motto: „*Was ich nicht verstecken kann, das will ich zelebrieren!*". Bevor ich hässliche Kabelkanäle aus Plastik verlegte, um Kupferrohre zu verstecken, machte ich aus den Rohren Kunstobjekte. Fast hätte ich sie mit Strahlern in Szene gesetzt.

Da ich als Neubekehrter in meiner Bewertung gar nicht fair sein *kann,* will ich mir meine Verachtung gegenüber allem, was an der Oberfläche wohnt, genüsslich auf der Zunge zergehen lassen. Außerdem konnte ich grauen Thesen noch nie etwas abgewinnen. Übertreibung und Schwarz-Weiß-Malerei provozieren, wühlen auf, hallen schmerzvoll und oft auch heilsam nach. Die Zeit wird auch hier das Ihrige tun und meine Worte werden in ein paar Jahren sicher weicher und ausgewogener klingen.

■ Perfektion

Perfektion ist einer der Begriffe, die an der Oberfläche ihr Unwesen treiben.

□ Versuch einer Begriffsklärung

Perfektion kommt aus dem Lateinischen per-feci und bedeutet: Etwas wurde bis zum Ende (=per) gemacht (=feci). Um zu erklären, wo genau die Verbindung zwischen abgeschlossener Vergangenheit und einer der weltweit bekannten deutschen Untugenden besteht, muss ich leider etwas ausholen:
Bei der Benennung der Vergangenheitsformen unterschied der Lateiner danach, ob eine Aktion, die in der Vergangenheit stattfindet, abgeschlossen ist (Perfekt) oder nicht (Imperfekt):

- *Als ich in der achten Klasse war, fuhr ich mit dem Fahrrad zur Schule. Dies fand jeden Tag statt. Schon am nächsten Tag grüßte das Murmeltier und alles ging von vorne los. = Nicht abgeschlossen!*
- *„Ich habe heute Nacht sehr schlecht geschlafen". Ich sitze gerade am Frühstückstisch und die Nacht ist vorbei. Gleiches gilt für meine Schlafstörung. Die Auswirkungen sind eher statisch und verändern sich nicht: Ich bin gerädert! Ob das perfekt ist, steht auf einem anderen Blatt Papier.*
- *Der Vollständigkeit halber sei noch das Plusquamperfekt erklärt. „Als ich zu ihm kam, hatte er bereits all seine Pflichten erledigt!" Im Mehr-Als-Perfekt steht, was bereits in der Vergangenheit abgeschlossen ist, wenn eine andere vergangene Aktion eintritt. In Berlin fristet Latein als Schulfach seit Jahrzehnten ein*

Schattendasein. So wurde das Perfekt oder Imperfekt heute in weiten Teilen der Ur-Bevölkerung grundlos durch eine Art Plusquamperfekt ersetzt: „Ich war heute Vormittag beim Einkaufen gewesen!"

Zurück zur Perfektion: Der Handwerker ist also bei der Herstellung des Tisches nicht auf halbem Weg stehen geblieben, sondern hat *so* lange an ihm gearbeitet, bis nichts mehr zu tun war. Der Tisch kann nicht mehr weiter verbessert werden. Die Arbeit ist abgeschlossen und der Tisch deshalb perfekt. Dass er damit auch frei von Kratzern oder Flecken ist, versteht sich fast von selbst.

□ Höhepunkt und Wendepunkt

Der Begriff Perfektion deutet also auf den Urheber hin. Der „Schöpfer" hat seinem Tisch alles mitgegeben, was er konnte. Wenn nun die Schöpfung die Hände des Schöpfers verlässt, tritt mit dem Erreichen der Perfektion normalerweise ein Wendepunkt in der Geschichte des Tisches ein. Jetzt darf ein anderer an seiner Geschichte weiterschreiben: der Besitzer.

Mir fällt ein, wie mir vor vielen Jahren ein Bekannter erzählte, er habe einmal ein sündhaft teures Paar Schuhe gekauft. Wenn ich mich richtig erinnere, dann nannte er 800 DM als Preis. Das wären heute inflationsbereinigt 600 Euro. Das Paar Schuhe gefiel ihm derart gut, dass er es ein paar Wochen lang jeden Tag trug, woraufhin es kaputt ging. Er war der Meinung, für 800 DM sollte ein Paar Schuhe länger leben als ein paar Wochen und reklamierte den Schaden. Daraufhin aufklärte ihm der Meister: Ein so teures und erlesenes Paar Schuhe sei nicht dazu gemacht, viel getragen zu werden. Vor allem niemals zwei

Tage in Folge. Es gibt also ein Leben vor und nach der Perfektion. In immer häufigeren Fällen endet das Leben danach in Samthandschuhen.

□ Perfektion braucht Meister

Die Suche nach alten Materialien ist gar nicht das größte Problem, wenn man einen alten Dielenboden will. Denn *noch* haben es die modernen Baustoffe nicht geschafft, die alten auszurotten. Zu viel Ewigkeit tragen diese in sich.

In Berlin sind alte Dielen immer noch ein Argument für teure Mieten. Hier kann jeder gute Handwerker alte Dielen abziehen. Doch je wichtiger Kratzer werden, desto kürzer werden die Zyklen, nach denen eine alte Diele dieser Prozedur unterworfen wird. Leider wird damit ihre Lebensdauer drastisch verkürzt, denn die Bretter werden immer dünner. Ohne Pressspan als Unterbau biegen sie sich immer schneller immer mehr durch, knarzen und werden vermutlich doch irgendwann ersetzt. Alte Dielen sind schick. Aber auf keinen Fall sollten sie Kratzer aufweisen oder Geräusche abgeben, die signalisieren, dass sie alt sind.

Nahezu unmöglich ist es, einen Meister zu finden, der *alte* Dielen *neu* verlegen kann.

Dass sogar Studentenaushilfskräfte nur fünf Minuten eingearbeitet werden müssen und dann bestes Klickparkett und Co. verlegen können, ist vermutlich ein wichtiger Grund für den Siegeszug der neuen Materialien.

Sollten wir uns irgendwann einmal daran erinnern, dass es eine Schönheit gibt, die mit Meisterschaft zusammenhängt und nicht nur

mit Oberflächen, gibt es vielleicht niemanden mehr, der mit diesen umzugehen weiß.
Dann werden wir uns notgedrungen so einrichten, dass wir keine Meister brauchen. Den Hilfskräften gehört die Zukunft.

■ Makellosigkeit

Wie oft lese ich in der Presse den Ausdruck „makellos schön". Glatte, glänzende Oberflächen, die keine Spur von Abnutzung zeigen, scheinen der Inbegriff von Schönheit zu sein. Bei etwas näherer und vor allem kritischerer Betrachtung zeigt sich mir eine ganze Reihe von unangenehmen Konsequenzen dieses Denk-Ansatzes:

□ Definitions-losigkeit

Makel-losigkeit ist eine negative Aussage: makel-los = kein Makel. Der Begriff „Makellosigkeit" bezeichnet also, *was* das, was wir mit dem Titel makellos belegen, eben *nicht* besitzt.
Nun ist es so, dass kein Begriff mit der Nachsilbe „-losigkeit" für einen Steckbrief taugt: „Der Bankräuber hatte keine Narben im Gesicht.", ...und wird vermutlich so nie gefunden werden. OK, er hatte kein Auge, oder nur eines. Das könnte weiterhelfen bei der Fahndung. Denn hier wird ja beschrieben, was alle anderen haben und unser verehrter Herr Bankräuber eben nicht. Es mag also Ausnahmen geben, doch ich bleibe dabei: eine definierende Eigenschaft ist etwas, was ein Ding oder eine Sache tatsächlich *besitzt* und kann nicht auf -losigkeit enden.

Keine Sünden zu begehen, macht ja auch noch keinen Heiligen. Sonst würde es reichen, im Bett liegen zu bleiben und nichts zu tun. Doch es sind die Taten, die entscheiden, wer oder was einer denn nun ist.
Nein! Makel-losigkeit kann kein Grund für Schönheit sein. Erst wenn auch Einäugigkeit ein Kriterium für Schönheit wird, bin ich willens, mich umstimmen zu lassen. Doch die Gefühle von Menschen besitzen leider nicht immer einen Seminarschein in höherer Logik.

□ **Schönheit für alle**
Im Zeitalter der Maschinen ist Makellosigkeit keine große Kunst. Schönheit verliert ihren Nimbus des Besonderen und löst sich auf in

- Beliebigkeit!

□ **Verkehrte Welt**
Die Auswirkungen auf das Verhältnis zwischen Besitzer und Besitz sind drastisch: Normalerweise ist die Rollenverteilung zwischen Besitzer und Besitz klar. Der Herr macht mit dem Sklaven, was er will. Doch indem er so verführe, trüge der Besitz bald die Spuren des Herren. Dieser würde seine wichtigste Eigenschaft einbüßen: seine ... -losigkeit.
Wem Makellosigkeit wichtig ist, der muss Mauern aufbauen. Nein, nicht um seinen Besitz. Das wäre viel zu einfach. Er muss sie um sich selbst hochziehen. Denn er besitzt ja nicht rein zufällig nur eine einzige makellose Sache. Er hat Geschmack und Stil und will sich mit Dingen umgeben, die ihm gefallen. Wäre er reich genug und könnte sich all das leisten, was ihm gefällt, dann gäbe es in seiner Welt schnell unzählige Mauern: eine um jedes Ding, das er besitzt. Am Ende gibt es nur eine einzige Mauer: die um ihn selbst.

Es ist fast so, wie mit dem Betrunkenen, der um eine Litfaßsäule tastet und verzweifelt ruft: „Hilfe, ich bin eingemauert!“ Mit dem Unterschied, dass unser Besitzer drinnen steht und sich freut, dass er raussehen darf. Nicht mehr die Vase steht in der Vitrine, sondern der Besitzer.
Unter dem Einfluss der Makellosigkeit hat sich das Verhältnis von Herr und Sklave in sein Gegenteil verkehrt: Das Ding *bestimmt* die

Regeln, der Besitzer ordnet sich unter. Um diese hoch-philosophischen Gedanken wieder auf den Hosenboden der Tatsachen zurückzuholen, ein konkretes Beispiel: Nehmen wir an, ich besitze einen wunderschönen Tisch. Um zu verhindern, dass ihm Böses widerfährt, gibt es zwei Möglichkeiten:

1. Ich stelle ihn in ein „Privatmuseum". Dort kann er leider keinen Dienst mehr tun. Fast könnten wir sagen: Er ist kein Tisch mehr, sondern nur noch ein Anschauungsobjekt.
2. Eine andere Art, ihn zu schützen, wäre eine Tischdecke. Sie muss deutlich weniger wertvoll sein als der Tisch selbst, sonst müsste ich nun ja auch sie schützen.

Im Museum kann ich meinen Tisch sehen, aber nicht nutzen. Die Tischdecke dreht den Spieß um: Ich kann nutzen, aber nicht sehen. Wie ich es auch drehe und wende: Ich bin enteignet.

*

Einer stellte einmal die Frage, ob ein Planet, der zwar irgendwo um eine Sonne kreist, den aber nie jemand gesehen hat und den keiner je sehen wird, überhaupt existiert. Was würde er zu meinem Tisch sagen? Existiert mein *schöner Tisch* jetzt überhaupt noch? Denn das eine Mal ist er kein Tisch, das andere Mal ist er nicht schön.

□ Makel-losigkeit ist ein toter „Begriff“

Eine der wichtigsten Definitionen von „Mensch-sein“ beinhaltet für mich die Entwicklung. Als ich den Begriff „in Würde altern“ auf Baustoffe anwandte, fiel mir zuerst gar nicht auf, dass er so etwas wie eine Kurzformel dafür ist, dass sich *Innen* und *Außen* im Gleichschritt verändern. Wenn etwas *altert,* dann hoffentlich nur *außen.* Die *„Würde“* ist im Gegensatz dazu eine Eigenschaft des „Innen“. Es gibt also nicht nur Menschen, die in Würde altern. Auch Materialien sind dazu in der Lage. Was keine Würde hat, das wird auch keiner vor der Abfallpresse retten.

Ein Gegenstand, der seine Schönheit aus seiner Makellosigkeit zieht, darf nicht altern, auch nicht in Würde. Jede Veränderung, Narbe oder Kratzer, ist ein neuer Sündenfall. Derart wird der Stillstand zum Prinzip der Schönheit. Wer sich deshalb über viele Jahre äußerlich nicht entwickeln will, der verliert seine Würde spätestens dann, wenn sich nicht mehr leugnen lässt, dass der Mensch keine Figur bei Madame Tussauds ist.

□ Wie der Herr so‘s G‘scherr

„Woran man sich klammert, zu dem wird man.“ Anders ausgedrückt: "*Das Wesen dessen, das einen wichtigen Raum in einem Herzen einnimmt, formt das Herz zu seinesgleichen.* " So hieß schon immer eines meiner Mottos. Ursprünglich hatte ich dabei nicht unbedingt in den Kategorien von Schönheit gedacht, sondern mehr an Geld und andere seelenlose Möglichkeiten. Doch auf die Schönheit angewandt klingt mein Satz fast schon wieder originell, wäre er nicht so traurig: *Je wichtiger Oberfläche für einen ist, desto oberflächlicher ist er selbst.*

□ **Intoleranz**
Die mit Abstand schlimmste Konsequenz einer Gleichsetzung von Makellosigkeit mit Schönheit ist, dass die Makellosigkeit keine andere Schönheit neben sich gelten lässt.
Gewinnt die Makellosigkeit die Deutungshoheit über die Schönheit, dann wird zwangsläufig sogar das, was über Identität verfügt, mit jedem Kratzer weniger schön. Denn wesentliche Schönheit ist in den seltensten Fällen und meist nur kurze Zeit makellos. Wem ein Spalt ein Skandal ist, dem kann ein alter Dielenboden nicht mehr gefallen, wenn er über die Patina hinaus noch die Spuren seines Alters trägt.

Makellosigkeit hat also die Tendenz, alle anderen Arten von Schönheit im Gefühl des Betrachters zu verdrängen. Das erste, was ins Auge fällt, sind Makel, Kratzer, Falten und dergleichen. Sie bekommen unglaubliche Macht und schwingen sich zur alleinigen Instanz auf. Angst übernimmt die Kontrolle über das Gefühlsleben.

*

Von den beiden genannten Begriffen halte ich die Makellosigkeit für den schlimmeren. Denn die Perfektion weist wenigstens noch darauf hin, dass hier einer am Werk war und sich viel Mühe gegeben hat. Hier spiegelt sich die Seele des Meisters. Leider wurde sie dann eingefroren. Das Wort „Makellosigkeit“ hingegen konzentriert meine Aufmerksamkeit auf das, was *nicht* sein darf.

Und bei aller Traurigkeit über die Folgeerscheinungen von Makellosigkeit und Perfektion bin ich Sonntagabend immer froh darüber, dass einige Menschen mein (heutiges) Schönheitsempfinden nicht teilen: Denn meine schönsten Einrichtungsgegenstände habe ich aus dem gemacht, was ich im Sperrmüll fand.

Schönheit von Menschen

War ich in meiner Jugend verliebt, wurde ich Marathonläufer: zwanzig Kilometer rechtfertigten die vage Chance, ihr rein zufällig in der Nähe ihres Hauses schweißtriefend über den Weg zu laufen. Meine Verliebtheit: sie tat weh und formte Bodybuilderbeine. Hatte sich dann der Sturm der rosa eingefärbten Emotionen irgendwann gelegt, ging es meinem ästhetischen Empfinden nicht anders. Wie oft schämte ich mich vor mir selbst.

Ja, angesichts von Schönheit kann Liebe wachsen. Doch genauso oft läuft‘s anders rum. Die Liebe tut den ersten Schritt und die Schönheit trottet munter hinterdrein. Am Ende gehen beide artig Hand in Hand spazieren. Groß ist die Gefahr, dass meine Augen Wolken sehen, die der Wind wild durcheinanderwürfelt und mit ihnen zauberhafte Bilder an den Himmel malt.
Wer nüchtern über Gefühle denken will, darf zwar nicht außen steh‘n, muss sich hineinwerfen, in den tosenden Strom der Menschen. Doch ungebunden muss er bleiben und klebende Gefühle meiden.

■ Landeanflug

□ Am Horizont

Dort, wo ich aufgewachsen bin, war –und ist immer noch– „sehen" vor allem eins: Wieder-Sehen und Wieder-Erkennen. Jeden Tag dieselben Gesichter. Nur selten verirrt sich ein erfrischender Fremdling dorthin.
Mit dem Umzug in die Metropole änderte sich dies schlagartig: An die Stelle der Wieder-Erkennung trat die Erst-Erkennung. Denn täglich begegneten mir jetzt mehr Menschen, als ich bislang kannte. Kaum einem dieser vielen Gesichter werde ich vermutlich jemals wieder über den Weg laufen. Trotzdem wird jedes von ihnen, schon lange bevor ich ihm in die Augen blicken kann, sorgsam mit einem Etikett versehen.

In meiner Kleinstadt konnte ich auf hundert Meter Namen nennen. Hier im Großstadtrevier vergibt jetzt meine innere Datenbank in deren Unkenntnis Attraktivitätspunkte. Je mehr davon, desto stärker ist dann auch der Drang, zu überprüfen, wie sehr denn meine freudige Ahnung wohl ins kleine Schwarze getroffen haben mag.
Es ist klar, was mein innerer Kobold hier bewertet, denn nur wenig, was als attraktiv bezeichnet werden könnte, ist auf solche Entfernung sichtbar: Ein mathematischer Bruch aus Oberweite, Hüfte und Taille, für Anspruchsvolle auch noch ins Verhältnis gesetzt zur Körpergröße. Nicht umsonst heißen solcherlei Zahlen Primärreize.

Die Industrie hat aus den Verhältnissen eine Formel extrahiert: 90:60:90. Je stärker die Extremwerte dieser beiden Kurven voneinander abweichen, desto weiblicher, jünger und hoffentlich auch lediger die Frau. Das Tier in mir ordnet auf die Ferne nach Geschlecht und Jahr.

Hatten die Männerzeitschriften mir bislang immer suggeriert, Zahlen wären das *„einzige"*, was manche Männer an Frauen interessiert, beginne ich zu verstehen, dass hier von Ort und Zeit die Rede ist. Zahlen sind nicht zwangsläufig das wichtigste, aber zeitlich gesehen das *erste,* das mir ins Auge fällt. Könnte diese kleine Fehlinterpretation daran liegen, dass es in käuflichen Bildern kein „von fern" gibt und dass dem ersten Blick trotz der hochauflösenden Pixel keine neuen Daten folgen?

□ **Aufholjagd**

Früh-Erkennung hat sein Ziel in schneller Entscheidung. Hat der Jäger seine Beute gewittert, dann flutet Adrenalin seine Bahnen. Denn das Leben kann davon abhängen, wer als erster den Pfeil auf die Sehne legt. Handelt es sich bei der Beute um mehr als Fleisch für morgen, will das Auge aus der Nähe sehen, bevor des Amors Pfeil verschossen wird.

Fall 1: Viel mehr als ihre Kehrseite erfassen meine Augen nicht. Ich muss aufholen. Mein Gang und mit ihm auch der Puls beschleunigen, kurze Zeit später wird der Blinker gesetzt ...

... In Taiwan bekam ich einmal ein Bonbon gereicht. Süßes ahnend packte ich begierig aus und musste mich wenige Sekunden später stark zurückhalten, dem freundlichen Geber die kleine Aufmerksamkeit nicht angewidert vor die Füße zu spucken. Der kleine Klotz schmeckte nach – Fisch.

Wenn Erwartung (süß) und Realität (Fisch) zu stark voneinander abweichen und der Unterschied unversehens über mich hereinbricht, kann dies heftige Reaktionen zur Folge haben. 0 und 1 reichen jetzt nicht aus, um mein Empfinden zu beschreiben. Denn ein: *„Ich habe viel erwartet und nichts bekommen."* ließe sich mit diesen beiden nicht ausdrücken. Wenn ich nichts von dem bekomme, was sie mir ausgemalt hat, dann ist „nichts" eben nicht 0. Das Ergebnis ist eindeutig negativ. Ich bin mir sehr sicher: Genau für solche Fälle wurden die negativen Zahlen erfunden.

Fall 2: Eben noch verkürzte jeder meiner Schritte die Distanz um einen halben. Jetzt, da Jäger und Gejagte sich entgegen geh'n, dreht der Bruch sich auf den Kopf. Plötzlich einsetzende lebensrettende Reaktionen aufgrund urplötzlich hereinbrechender böser Überraschungen sind trotz der vergleichsweise hohen, weil vierfachen Annäherungsgeschwindigkeit so gut wie ausgeschlossen, denn mit jedem Meter wird das Bild schärfer. Nötigenfalls kann ich mich in Deckung bringen.

Immer wieder sonntags lasse ich meine Brille zu Hause. Ich will wissen: Wie haben wohl Männer meines Schlags in früheren Jahrhunderten gesehen, als es noch keine Brillen gab? Sehen Männer in Ländern, die überdurchschnittlich oft in Nebelsuppe schwimmen oder in denen starke Sonneneinstrahlung die Welt in S/W taucht, anders?

□ Im Sinkflug

Die Welt der Frauen ist, so weiß ich heute, mehr als zwei, drei, vier Zahlen ins Verhältnis gesetzt. Wahrscheinlich waren meine Hormone damals nur zu jung und viel zu dumm. Ich will also noch einmal einen Schritt zurückgehen und mich diesmal nicht von allzu üppigem

Zahlenwerk blenden lassen:

Aus sicherer Entfernung seh' ich jetzt auch ihren Gang. Will sie schneller laufen als die Masse? Wirkt sie gehetzt? Versteht sie sich als Teil des Stroms oder als Felsen, den das Wasser wild umspült und an dem sich alle Wellen brechen müssen?

Kurze Zeit später erkenn' ich, wer sie heute ist bzw. sein will. Will sie sehen oder lebt sie für die Augen anderer? Hat sie das Haus verlassen, um Köpfe zu verdrehen, Männer zu erobern und zu zähmen. Will sie schöner sein als ihre Konkurrenz? Trägt sie eine Rüstung oder ist ihre Verpackung ganz der Ausdruck ihrer selbst?

Meine Ohren treten in Aktion: ich höre, ob ihre Schuhe ihren Namen schnell in den Asphalt morsen oder ob sie leise schleicht, ohne der Straße Gewalt anzutun. Ich weiß jetzt, wie viel Schmerzen sie ertragen kann, um in diesem Toben und Treiben als Siegerin hervorzugehen. All das ahne ich, lange bevor ich die Farbe ihrer Augen kenne.

Wie, Was, Warum

Nicht das, *was* einer tut, spricht Bände, sondern *warum* er es tut. Führe einer auf einer schwarz-weißen Straße zu schnell, dann fällt die Antwort auf die Frage nach dem Grund sehr leicht: Er hat es eilig. Doch die Zeit des S/W-TV ist lange schon vorbei und wir wissen, die Welt ist bunt[1]:

1 Ich lasse mich an dieser Stelle von dem Buch „Spiral Dynamics" inspirieren. Dort wird die Entwicklung von Personen und Gesellschaften anhand von Farben nachgezeichnet. Jede Farbe steht für eine ganze Reihe von Begriffen, die einer Entwicklungsstufe entsprechen. Meines Erachtens nach liegt die tiefere Bedeutung dieser Farben in kulturellen Werten, die sie widerspiegeln. Hinter der Farbentwicklung

- *Rot fährt der Besitzer der Straße. Schnell bezeichnet hier den Chef.*
- *Orange will wissen, wer der bessere ist. Nicht um schnell geht es, es geht um schneller.*
- *Gelb tanzt durch den Verkehr: Gegner gibt es nicht, nur Slalomstangen. Die Ästhetik der Bewegung inspiriert ihn mehr, als schnell am Ziel zu sein, auch wenn beides sich am Ende paart.*
- *Blau ordnet sich ein und geht den Gang, den alle gehen. Parademarsch.*
- *Für Grün bestimmt Respekt sich selbst und and'ren gegenüber, was er tut und lässt.*

Auch auf dem Bürgersteig leben alle Farben wild neben- und durcheinander: Rot ist cool, nötigenfalls rücksichtslos; Orange ist stets zum Sprung bereit; Blau kommt in seinem eigenen Leben gar nicht vor; Grün fließt widerstandslos dahin.
Jede dieser Farben ist von weithin sichtbar, am Gang, der Kleidung oder der Bemalung; am Zusammenspiel mit anderen Menschen; an der Spannung der Bewegungen. Ja, sogar in Zügen des Gesichts, die wir gerne höflich den Genen zuschreiben.

---

steht also eine Werteentwicklung. Dabei legen die Autoren und auch ich höchsten Wert darauf, dass es hier nicht um eine Typologie geht, die Menschen in Schubladen steckt. Es geht vielmehr darum, dass sich jeder von uns im Laufe seines Lebens einen Mix an Farben (Werten) aneignet, auf denen er je nach Situation spielen kann. Die einen leben vor allem eine Farbe, andere leben in Beruf, Sport und Privatleben jeweils andere Farben. Und die „Gurus" unter den Menschen, die, denen fast alle zuhören können ohne kalte Gänsehaut zu bekommen, sind in der Lage viele Farben gleichzeitig zu leben.

Doch wer würde tatsächlich behaupten wollen, dass die beiden Falten links und rechts des Mundes unsrer Kanzlerin das Werk der Gene sind? Was immer einer tut: sein Leben lang auf eigne Lippen beißen; lächeln, auch wenn keiner ihn gerade ansieht; begierig in die Welt hinausschauen: die Einstellung zum Leben steht ihm –im wahrsten Sinn des Wortes– früher oder später ins Gesicht geschrieben.

□ **Touchdown**
Die letzten Meter laufen dann sehr langsam ab. Wie ein Flugzeug vor dem Aufsetzen schwebe ich schwerelos dahin, mein Schritt versucht, die Zeit zu zögern. Manchmal bleibe ich ganz einfach steh'n.

Mittelwert und Ebenmaß

Haben Sie schon einmal gesehen, wie sich in aufwendigen Kinoproduktionen Menschen bzw. Dinge in andere Menschen oder Dinge verwandeln? Ein Toaster geht fließend in einen Porsche über und das Gesicht von Jack Nicholson in einen Alien.

Das hierzu benutzte Programm kann verwendet werden, um den Mittelwert von Gesichtern zu berechnen und diesen dann ausdrucken. „Welches von den drei Gesichtern gefällt am besten?", fragen wir 121 Probanden: Die meisten Menschen wählen, wen wundert's, den, der gar nicht existiert. Wir erhöhen nun den Schwierigkeitsgrad, kaufen uns Karten für die Wahl zur „Miss World" und fotografieren zwei der Schönsten ihrer Länder. Auch jetzt triumphiert der Durchschnitt über beide Originale. Wie hübsch.

Weiter geht's: Immer mehr mischen wir munter durcheinander, berechnen, lichten ab und drucken. Stets sticht die Mehrheitsmischung alle anderen aus.

Die statistische Mehrheit empfindet also statistische Gesichter am schönsten; Gesichter, die keine individuelle Geschichte haben und keine Narben aufweisen; die (auch hier und im wörtlichen Sinn) mathematischen Regeln folgen. Platt gesagt: Wer mit außergewöhnlicher Schönheit gesegnet ist, der kommt dem perfekten Durchschnitt überdurchschnittlich nahe!

*

Folgenden Artikel habe ich ohne Änderungen aus dem Internet kopiert:

Wissenschaftler fanden heraus: Auf Länge und Breite kommt es an.

Wissenschaftler aus Kanada und den USA haben ein Stück weit das Geheimnis der Schönheit entschlüsselt. Die Frage, ob ein Gesicht als schön oder hässlich bewertet wird, hänge weniger von willkürlichem Geschmacksempfinden ab als von den räumlichen Abständen zwischen Augen, Mund und Ohren, heißt es in der im Fachmagazin "Vision Research" veröffentlichten Studie.
Die "goldenen Zahlen" der Schönheit lauten 36 und 46: Als schön werden Frauen dann empfunden, wenn der Abstand zwischen Augen und Mund 36 Prozent der Gesichtslänge - gemessen von Haaransatz bis Kinn - ausmache. In der Waagerechten ist Schönheit dann gegeben, wenn der Abstand der Augen 46 Prozent der Gesichtsbreite - gemessen zwischen den beiden Ohransätzen - ausmache.
Für die Studie hatten die Wissenschaftler Fotos von Frauengesichtern leicht verändert: Die Abstände zwischen Mund, Augen und Ohren wurden modifiziert, die Grundeigenschaften des Gesichts aber nicht angetastet. Die verschiedenen Versionen ein und derselben Frau wurden Studenten mit der

Bitte vorgelegt, das schönste Gesicht zu benennen. In allen vier Experimenten gingen jeweils die Fotos mit dem idealen Zahlenverhältnis von 36 und 46 Prozent als Sieger hervor. Glücklicherweise entspreche das 36/46-Verhältnis ziemlich genau dem Durchschnittsgesicht einer weißen Frau, heißt es in der Studie.“ [Zitat Ende]

*

Der Artikel irrt! Die Übereinstimmung ist nicht „glücklicherweise“. Denn das würde heißen, sie wäre reiner Zufall. Doch das eine ist hier Ursache des anderen.

Wenn nun mit jedem neuen Gesicht auch mein persönlicher Durchschnitt neu berechnet wird, kann geschlossen werden, dass jedes einzelne von ihnen mit allen abgefragten Maßen individuell in meinem Kopf gespeichert sind. Mich schwindelt.

Doch es kommt noch besser: Wer sich ein Hobby daraus macht, kann schon bald mit erstaunlicher Genauigkeit das Alter von Menschen bestimmen. Wir kennen also (unbewusst) auch noch den Durchschnitt aller Datensätze nach Jahr. Und nach Landeskennzeichen, denn das geschulte Auge kann sagen, in welchem Land die Eltern einer Person geboren wurden.

Kuckuckskinder

Väter plagt von jeher die Sorge –so lese ich– ob sie eigene Gene aufziehen oder die des Kuckucks? Je ebenmäßiger und „gewöhnlicher“ nun die Züge einer Frau, desto weniger Widerstand stellen sie den Merkmalen des Vaters in den Weg. So kann dieser zweifelsfrei erken-

nen, ob der Spross auch seiner ist.
Ebenmaß und Durchschnitt, sprich, Mangel an Individualität sind dem durchschnittlichen Manne wichtig bei der Wahl der Mutter. Allein diese Konkurrenz zwischen Mutter und dem Kind wäre ein Buch wert.

□ **Durchschnitt, immer nur Durchschnitt**
Es gehört nicht hierher, da es nichts mit Schönheit zu tun hat. Trotzdem will ich die Gelegenheit nutzen, den Rahmen weiter zu spannen.

Mein Vater versuchte es mit objektiven Zahlen, wenn meine Mutter fror: *Was willst du? Es sind 18 Grad.* Doch damit erklärte er die Kälte nicht nur nicht weg, sondern fügte ihr eine weitere hinzu. Tatsächlich haben objektive Zahlen nichts mit meinem Empfinden zu tun, wie sich gleich zeigen wird:

Letzten Sommer ließ ich mich jeden Tag von dem Hund meiner Freundin ausführen. Er liebte das Wasser, deshalb ging es nach dem Wald immer auch ans Ufer, wo ich dann Bälle warf, die er begierig holen schwamm.
Mich interessierte, wie weit im Wasser der Hund den Ball wohl finden würde. Immer weiter warf ich ihn hinaus. Irgendwann stand er trotzig am Ufer und fing an, sich lauthals zu beschweren. Meistens war dann seine Liebe zu dem Silikonklumpen trotzdem groß genug. Manchmal half jedoch nichts, denn er sah ihn einfach nicht und ohne meine Außensicht verstand er auch meine Befehle nicht. Im Wasser fing er an, sich orientierungslos im Kreis zu drehen, bis ihm schwindlig wurde. Wollte ich nicht jeden Tag einen der teuren Bälle auf die Verlustliste setzen, musste ich im wahrsten Sinne des Worte ausbaden,

was ich dem Hund eingebrockt hatte. Das war der Beginn einer sommerlangen Schwimmfreundschaft, in der wir uns irgendwann jeden Tag auch ohne Ball zum anderen Ufer aufmachten.

Dass es dem Empfinden nach eine Sommer- und eine Wintertemperatur gibt, wusste ich schon früher. Im Hochsommer fröstele ich bei 10° Außentemperatur und sehne wärmere Tage herbei. Im Winter entledige ich mich bei den gleichen Graden freudig meines Mantels und genieße die Sonne.

War der Sprung ins kühle Nass anfangs eine echte Überwindung, trat nach und nach Gewöhnung ein. Hatte ich noch vor Kurzem zu den liebevoll als Warmduscher Bezeichneten gehört, sank nach ein paar Wochen Gassischwimmen meine Wohlfühltemperatur im heimischen Badezimmer auf kalt, ohne dass der Kalender eine andere Jahreszeit befahl.

Geht es vielleicht ganz allgemein bei allem, was wir fühlen, um den Abstand von der aktuellen Mitte?

■ In einem Land in dem die Blumen schöner blühen

□ Zuerst zum Frisör ...

Aus beruflichen Gründen reiste ich in ein Land, dessen Namen ich aus Höflichkeit nicht nennen will. Rasch das Gepäck ins Hotelzimmer gestellt und so schnell wie möglich hinaus auf die Straße! Mein erster Gang führte mich –wie immer in einer neuen Stadt– zum Frisör.
Bei meinem Kurzhaarschnitt ist das Ergebnis stets dasselbe. Unterschiede gibt es nur darin, dass in dem einen Land die Haare auf den Wangen, in den Ohren, in der Nase oder über den Augen mitgeschnitten, ausgerissen oder abgefackelt werden und in einem ander'n nicht. Je nach Kultur mittels Faden, Feuer, Rasierer oder Pinzette; manchmal wird gesungen, ja sogar getanzt und meine Gesichtsmuskulatur mit einer Massage gelockert. Je verspielter die Verrichtung der gestellten Aufgabe, desto mehr Unterbrechungen sind zu erwarten, wenn Freunde den Laden für ein Schwätzchen betreten. Da werden aus 15 Minuten schnell mal 1 Stunde und mehr.

□ ... und dann auf die Flaniermeile

Dieser Besuch beim Frisör diente nicht in erster Linie meinem äußeren Erscheinungsbild, sondern meinem intuitiven Verständnis der Menschen. Diese wollte ich jetzt so schnell es ging selbst sehen. Denn ich war gespannter noch als sonst, hatte ich doch schon viel von der Schönheit der Frauen in diesem Land gehört. Obwohl „vorgewarnt" muss ich einen ziemlich benommenen Eindruck gemacht haben. Die Mädchen auf dem zentralen Boulevard, der direkt an meinem Hotel vorbeiführte, waren noch schöner, als man mir immer erzählt hatte, und mir blieb vermutlich so manches Mal der Mund offen stehen. Nie zuvor hatte ich so viel menschliche Schönheit geballt gesehen.

Am nächsten Tag begrüßte ich wie geplant eine Gruppe Manager aus der öffentlichen Verwaltung zu meinem Seminar. Der Grund dafür, dass unterhalb des Ministers fast nur noch Frauen arbeiteten, liegt an dem niedrigen Gehalt. Und wieder blieb mir der Mund offen stehen. Da saßen also 25 weibliche Manager. Im Kontrast zu dem Vorabendprogramm gefiel mir nicht eine von ihnen.
Nach der Arbeit ging ich sofort wieder hinaus. Ich wollte überprüfen, ob ich nicht tags zuvor einer Halluzination erlegen war. Tatsächlich! Da waren sie wieder. Am liebsten wäre ich eine Eule gewesen.
So viel war klar: Jedes dieser Mädchen putzte sich heraus, um von den Männern gesehen zu werden. Das ist überall auf der Welt so. Doch hier hatte das Ganze eine neue Qualität erreicht.

Am dritten Tag kam ich der Lösung einen Schritt näher, denn ich begann nach dem Alter zu ordnen: Draußen auf der großen Straße waren die Blumen nicht älter als 25 und offensichtlich unverheiratet. Die Damen in meinem Kurs hingegen waren durch die Bank 30 Jahre und verheiratet.
Die extrem kurze Lebensdauer der überschäumenden Grazie und ihre Verwandlung in ihr glattes Gegenteil machten mich ratlos. Schnell war es nicht mehr die verstörende Schönheit der jungen Frauen, die mich elektrisierte, sondern der brutale Wandel, der innerhalb von nur etwa 5 Jahren zu verzeichnen war. Mein Mangel an Geschmack, egal, ob guter oder schlechter, konnte nicht der Grund sein. Denn diesmal änderte nicht *ich* meine Meinung. Es waren die Objekte, die sich änderten. Und das in Höchstgeschwindigkeit.

Oft sind es dahingesagte Sätze, die mich nachdenken lassen: „*Bis dreißig haben Menschen das Gesicht, das sie geschenkt bekommen haben, und ab dreißig haben sie das, das sie verdienen!'*

Konnte tatsächlich auch nur das Geringste an diesem Satz wahr sein. Je mehr ich ihn in den folgenden Wochen und Monaten auf der Straße und im Café überprüfte, desto überzeugter war ich: Ja, alle Babys sind schön (OK, *fast* alle), in der Jugend sind es immer noch die meisten, dann kommt irgendwann (mehr oder weniger mit dreißig) der Wendepunkt, ab dem die Menschen anderen nichts mehr vormachen können. Ihr Gesicht, sofern es nicht dick zugespachtelt ist, gibt Auskunft, wer sich dahinter verbirgt.

Seit jenem Auslandsaufenthalt ist Schönheit nichts mehr, was ich gedankenlos konsumiere und was mich nur und ausschließlich emotional berührt. Jedes Mal, wenn sich in mir „Schönheit“ einstellt, versuche ich meinem Empfinden auf die Schliche zu kommen. Nach einem Spaziergang durch einen neuen Stadtteil, eine andere Stadt oder ein Land schließe ich zu Hause meine Augen und lasse den Ausflug noch einmal vorüberziehen. Mich interessiert wieder einmal vor allem die Statistik: *Wie viele Menschen haben mir in welchem Alter gefallen?*

Ich lebe in Berlin. Seit ich in Farben sehe, kann ich vielen Kiezen eine eigene Flagge zuordnen, entsprechend seiner Bewohner: In dem einen ist sie Blau-Grün; in einem anderen Orange-Grün-Blau, fast zu gleichen Teilen. In wieder einem anderen ist Grün die dominante Farbe, dazu Blau-Orange, ein wenig Gelb. Interessant ist vor allem, wie die Farben im Verkehr ineinander fließen. In einem grünen Kiez wird dem orangen Drängler, der sich auf der Abbiegespur die Wartezeit an der Ampel verkürzen will, das Einfädeln nicht sonderlich schwer gemacht. Wo Blau zu Hause ist, stößt er hingegen oft auf störrischen Widerstand.

■ Spaziergang durch die Evolution

Die Paläontologen können oft schon anhand eines einzigen Knochens exakt bestimmen, um welche Art es sich handelt, wer ihr Vorfahre war und wer ihr Nachfahre.

Sobald es dann um den Menschen als lebendiges –und manchmal sogar geistiges– Wesen geht, wird diese Herkunft hemdsärmelig ignoriert. Schließlich ist er die Krone der Schöpfung und hat als solcher ganz sicher nichts mit den Tieren gemeinsam. Wir tun deshalb immer wieder so, als seien unsere Gefühle derart menschlich, fast schon göttlich, dass nichts Tierisches in uns leben kann und darf. Vor allem dann, wenn es um die liebe Liebe und andere ästhetische Genüsse geht. Schließlich können nur wir Menschen Museen und Opernhäuser bauen und kein Hund würde sich freiwillig dorthin verirren.

Das Wort „schön" kann so viele verschiedene Dinge beschreiben: Musik, Menschen, Malerei, um nur drei zu nennen. Diese drei und alle anderen werden mit demselben Wort über einen Kamm geschert. Doch schön ist nicht gleich schön. In der Kunst zum Beispiel bewegt sich der Mensch in seinem ureigenen Terrain, in dem er sich von den Tieren abhebt. Und das, obwohl Schönheit und Kunst allenfalls indirekt etwas miteinander zu tun haben.

Wenn ich auf der anderen Seite eine Frau als schön empfinde, ist es nicht der Gipfel des Menschen in mir, der hier urteilt. Genau das Gegenteil ist allzu oft der Fall: es ist das Tier. Denn je unbewusster ich empfinde und je weniger ich die genauen Auslöser für mein Gefühl kenne, desto größer steht die Chance, dass hier der Affe, eine Blume oder der wilde Wolf empfindet.

Dass ich bisher keinen reißerischen Artikel gelesen habe, der mir davon berichtet, in den Genen wäre ein Retset-Button gefunden worden, der das ganze emotionale System auf Null setzt und der mit jedem Abschreibfehler und dem Höherklettern auf der Leiter der Evolution automatisch aktiviert würde, bestätigt mich in dieser Annahme.

Doch der kultivierte Mensch legt seinen Nachwuchs sofort nach der Geburt zum Schlafen zuerst in eine Wiege, dann in einen Raum und verrammeln sicherheitshalber auch noch die Tür, damit kein Geräusch den kleinen Wurm am Schlafen hindern möge? Ihn beruhigt, dass Technik ihm sofort berichtet, wenn das Kind erwacht.
Und wer beruhigt das Kind im Schlaf? Kein Tier war je so un-menschlich zu seinem Nachwuchs. Oder müssen wir sagen: Un-tierlich? Menschlich? Denn seit seiner Zeugung ist der Winzling von Geräuschen umgeben. Und jetzt plötzlich wird ihm absolute Stille verordnet. Wie tief mag ihn diese Isolationshaft gleich nach der Geburt traumatisieren? Zumal er im Schlaf die Uhr noch nicht lesen kann und Sekunden sich wie Stunden zieh‘n.

*

Wenn ich im Folgenden also auch einmal eine Biene oder eine Blume nach ihrer Meinung zum Thema Schönheit befrage, akzeptiere ich, dass Experten milde lächeln. So wie meine Ärzte den 15-Jährigen belächelten und mit dem Kopf schüttelten, als der anfing, seinen Lippenherpes eigenmächtig zu behandeln. Denn Zovirax half bei ihm leider nie, im Gegenteil, es machte alles nur noch schlimmer.
Er hatte gelesen, dass dieser Virus ein sehr sensibles Tierchen sei, das außerhalb des Körpers nur kurze Zeit überleben könne. Also testete er verschiedene Methoden wie Alkohol oder stark desinfizierende

Öle, die durch die Haut wirken und es töten könnten. Irgendwann war innerhalb von Stunden jeder Ausbruchsversuch im Keim erstickt. Heute, 30 Jahre später, kommen Mittel auf den Markt, die gleiches tun!

Vor 25 Jahren war der junge Mann in der Studentenschaft Vertreter der ketzerischen These, Frauen und Männer unterschieden sich in mehr als den primären Geschlechtsorganen. Er leitete dies aus der Tatsache ab, dass der Unterschied sich bis in die letzte Zelle hinzog, und die eine ein x dort hat, wo der andere ein y besitzt. Deshalb, so seine Meinung, könne es bei der Emanzipation auch nicht darum gehen, dass die Frauen zu Männern werden. Dieselben Rechte: Ja! Dieselben Verhaltensweisen: Nein!

Für einige Zeit sah er sich extremen Anfeindungen ausgesetzt. Heute können wir sogar im Computertomographen verfolgen, wie verschieden Männern und Frauen doch sind. Ein und derselbe Gedanke, ein und dieselbe Tätigkeit aktiviert bei beiden im Gehirn ganz andere Bereiche. Und zahllose Veröffentlichungen fluten erfolgreich den Markt, erzählen uns von Venus und Mars oder leiten die Unterschiede aus den Aufgaben in der Urzeit ab.

Wieder ein paar Jahre später treten endlich die ersten Biologen als Paarberater auf. Sie erklären uns: Die Zuneigung zwischen Menschen mag noch so königlich sein. Sie folgt doch auch den in unserem Unbewussten eingemeißelten Regeln der Natur der Tiere. Wer also die simpelsten Regeln des Tierreiches missachtet, darf sich nicht wundern, wenn er als Mensch in der Liebe scheitert. Ich habe eine Weile gebraucht, um zu akzeptieren, dass Liebe auch etwas mit Macht zu tun hat.

Doch zurück zum Thema: Ich will meinen Blick schweifen lassen. Wenn ich schon erkannt habe, dass Schönheit eine räumliche und damit auch zeitliche Komponente hat, will ich nicht davor zurückschrecken, mir Gedanken zu machen, wie es denn vor Millionen vor Jahren mit denen war, die vor mir kamen und deren Spuren ich immer noch in mir trage?

Natürlich sitze ich trotzdem nicht den ganzen Tag mit meinem Laptop auf einer Wiese, beobachte Falter und Raupen und schreibe über meine Gefühle von Liebe und Schönheit, bis endlich die Batterien leer sind. Nein, normalerweise fängt jeder meiner Gedanken in einem Café an: Ich nippe an meinem Latte Macchiato und beobachte die Menschen; beobachte mich selbst und meine Gefühle, wenn ich Menschen sehe; beobachte, wie die Menschen mich und andere beobachten. Und ab und zu lasse ich meine Gedanken schweifen, sitze als Schmetterling auf einem Ast und erblicke eine Rose.

Doch halt: Ich will geordnet phantasieren und dabei die Seinsleiter nach oben steigen. Ich will wissen, was mir die Kollegen von dem Gefühl erzählen: er/sie/es ist für mich schön?

□ Material und Meise

Frage ich eine Meise, welches Material *sie* als schön empfindet, dann nennt sie mir den Zweig dort. Fest, elastisch und warm. Den Strauch, von dem er stammt, kümmert's nicht. Er bleibt sich treu.

Subjekt - Objekt- Beziehung
Das Lebewesen hat hier den aktiven Part, es entdeckt und *findet* Schönheit. Es ist das alleinige Subjekt. Das solitaire Material hingegen übernimmt die passive Rolle in dieser Beziehung: es ist 100 Prozent Objekt und wird *ge-funden.*

□ **Blume und Biene**
Die Blume steht in Konkurrenz zu anderen Blumen. Sie will die erste sein und weil sie kann, wird sie aktiv. Zielsicher lockt sie mit dem, was der Biene gefällt.
Die Biene hört sie, denn das Rot der Blume schreit: *Hallo!* Sie versteht das wortlose Versprechen: *Bei mir findest du süßen Nektar.*
Wäre dieses Versprechen eine Lüge, die geballte Wut aller Bienen dieses Volkes und aller anderen Völker der Umgebung würden auf sie niedersausen und sie von jetzt an mit Verachtung strafen.

Versprechen, die nicht gehalten werden, sind auch nicht schön. Denn das Insekt kann sich nicht wie wir Menschen von seinen Emotionen distanzieren, nach dem Motto: „Oh, diese Blume ist zwar schön, aber leider findet sich dort kein Nektar. Also werde ich sie eine Weile aus der Distanz genießen wie das Gemälde eines guten Malers und dann weiterfliegen zu jener Blume dort drüben. Diese ist zwar nicht ganz so schön, liefert aber guten Nektar."
Das ist totaler Quatsch. Für das Insekt ist Schönheit gleichbedeutend mit der intuitiven Gewissheit: „Dort finde ich, was ich suche."
Natürlich gibt es auch im Pflanzenreich Lügner und Scharlatane. Sie täuschen die Fliege und locken sie in eine Venusfliegenfalle. Diese Täuschung besteht in einer guten Nachahmung, sprich, sie bedient

sich der Sprache anderer. Würde unsere liebe Pflanze jedoch innovativ werden und anfangen, mit eigenen Worten zu lügen, ihr Schicksal wäre schnell besiegelt. Zwischen Butterblume und Honigbiene ist Schönheit also ein ständiges Wechselspiel zwischen dem, der finden soll und dem der schön „ge-funden“ werden will; zwischen Versprechen, Erwartung und Erfüllung.

Doch weder die Blume noch das Insekt[3] blicken hier in die Zukunft, denn es geht um ein sehr kurzes Ziel. In der Wüste zum Beispiel, wo zwischen Regen, Blüte, Bestäubung und Verglühen in der Sonne nur Tage liegen, zählt jede Sekunde, denn die wenigen Insekten haben keinen Vertrag unterschrieben und alle Blumen schreien „hier“.[4]
Die Bestäubungspartnerwahl findet auf Basis eines unreflektierten und deshalb schnellen Gefühls statt. *Ein* Blick genügt und alles ist klar. Dass es so schnell funktioniert, ist das Ergebnis einer jahrtausendelangen Erfahrung der gesamten Spezies und fast unfehlbar.

Subjekt - Objekt – Beziehung

Die Rollen verschwimmen allmählich: Wer wählt hier wen? Der eine den anderen oder ist es umgekehrt? Trotzdem sitzen beide Seiten nicht auf derselben Stufe unserer Leiter, denn:

---

[3] Ich sehe jetzt einmal von gewissen symbiotischen Beziehungen ab, in denen Blume und Tier auch noch andere Rollen füreinander übernehmen. Schönheit, so steht zu vermuten, würde dabei ohnehin keine wirkliche Rolle spielen.

[4] Auch wenn Tiere keine Ratio besitzen, so müssen sie wählen bzw. sie entscheiden sich.

- *Der Inhalt des Versprechens wird von den Vorlieben des Subjektes bestimmt: der Biene. Das Versprechen ist Nektar.*
- *Die Blume verspricht und wird an ihrem Versprechen gemessen: Sie ist das Objekt.*

□ **Konkurrenten**
Handelt es sich nun um zwei Individuen derselben Gattung, ohne Lust auf Partnerschaft, spielt Schönheit auf den ersten Blick keine Rolle. Das wundert auch nicht weiter, denn dem heterosexuellen Mann kann ein anderer nicht das Geringste versprechen. Sein Aussehen signalisiert ihm allenfalls Konkurrenz.
Sollte er ihn wider Erwarten trotzdem attraktiv empfinden, dann ist das Versprechen in diesem Fall ein anderes. Nicht Partnerschaft verspricht er, sondern anregende Gespräche und Gedanken.

□ Erpel und Ente
Endlich treffen sich zwei potentielle Partner: Schön sind beide, jeder ist's auf seine Weise. Beide finden und werden gefunden. Jeder der beiden *wirbt* mit dem, was der/die *andere* als schön empfindet.

Viele Tiere wählen ihre Partner nur dann, wenn sie fruchtbar sind. Beim Menschen kennt die Paarungszeit keine großen Pausen. Interessanterweise belegen Studien, dass ein und dieselbe Frau intuitiv noch einmal ganz unterschiedlich empfindet, je nachdem, ob sie gerade fruchtbar ist oder nicht. In den Tagen der Empfängnisbereitschaft wählt sie platt ausgedrückt das Tier im Mann und in den anderen Tagen den liebevollen Lebenspartner und Vater der Kinder. Im ersten

Fall wählt ihr eigenes Tier, im zweiten der Mensch. Der Leser mag seine eigenen Schlüsse daraus ziehen. Ich für meinen Teil habe dies getan. Doch meine Gedanken hierzu haben recht wenig mir unserem Thema zu tun. Sie sind Teil eines anderen Buches.

Subjekt - Objekt – Beziehung

Jeder der beiden ist Subjekt und Objekt zugleich. Jeder *verspricht* und *prüft*.

■ Selbst-Versprechen

Jenes Jahr wollten wir Weihnachten auf ganz besondere Weise feiern. In einer einsamen Berghütte, ohne TV, ohne Weihnachtsbaum, Kerzen und ganz ohne Steckdosen. Mehr als 15 Jahre war ich nicht mehr dort gewesen. Doch ich war mir sicher: Den Weg würde ich schon finden, oft genug war ich ihn gegangen.

Fast wie die heilige Familie machten wir uns auf zu einem Stall, den mein Bruder und ein paar Freunde vor vielen Jahren zu einer Almhütte umgebaut hatten. Die Nacht war bereits hereingebrochen, denn ich hatte mich verfahren. Nachdem wir endlich das Auto auf dem Hof des letzten anfahrbaren Bauernhofes geparkt hatten, machten wir uns zu Fuß auf die letzten Meter. „Kinder: Weit kann es nicht mehr sein. In 10 Minuten sind wir da!"

Mit jedem meiner Ausrufe „Da, dieser Hof muss es sein!" und der kurz darauf folgenden Enttäuschung, wurde der Weg lang und länger, die Beine schwer und müde. Insgesamt drei Mal zogen sich auch unsere Gesichter in die Länge, bevor wir uns daran machen konnten, den kalten Hof zu heizen.

Vorfreude, Müdigkeit und Ungeduld hatten die letzten Meter unserer Reise über alle Maßen schwer gemacht. Hätte vielleicht eine objektive Zahl mir und meinen Kindern die Leidenszeit verkürzen können: 957 m? Albert Einstein lässt mich zögern, denn er rechnet mir zweifelsfrei vor, dass Raum und Zeit relativ sind. Doch wie unterschiedlich 957 m in der Praxis sein können, ahnte auch er nicht. Denn nicht nur nahe der Lichtgeschwindigkeit wird einem irgendwann alles egal. Noch schlimmer wird es, wenn ungeduldige Erwartung die Zeit zu Eis erstarren lässt und deshalb meine Gefühle auf die Folter spannt. Was ich an einem anderen Tag im Flug erlebe, locker und leicht, ist plötzlich Kaugummi auf einer Streckbank.

Meine Erwartung basierte auf dem leichtfüßigen Gefühl, das ich damals an Sommertagen gewonnen hatte, als ich den Weg ohne Probleme mehrfach täglich zurücklegte. Doch jetzt war Winter. Die Schlitten mit unserem Gepäck versanken immer wieder tief im Schnee; ich hatte zwei kleine müde Kinder im Schlepptau; es war bereits dunkle Nacht; wir sehnten uns nach einem warmen Glas Tee. Was vor 15 Jahren kurz war, war jetzt sehr lang.

■ Fremd-Versprechen

Eben noch hatte ich mir selbst etwas versprochen und die Realität konnte nicht Schritt halten. Wenn mir dann andere etwas versprechen, wird es nicht viel besser. Denn wo eigenes Wissen stand, eine objektive Zahl zum Beispiel oder ein Gefühl, das in eigener Erfahrung gründet, tapsen nun vage Ahnungen unsicher umher. Ahnungen aufgrund einer hoffnungsvollen Interpretation von Äußerlichkeiten, abgeleitet aus jahrtausendelanger Erfahrung unzähliger Männer, die ich nie kennengelernt habe.

Schönheit ist eine unbewusste Ahnung, ein Versprechen: *Ich* verspreche *mir* etwas, weil mir ein anderer Krümel streut. Von dem, was ich mit meinen Augen sehe, schließe ich auf das, was ich so schnell nicht sehen kann.

Was genau sehen meine Augen im Anblick einer Frau? Bei meinen Landeanflügen lernte ich drei Arten von Versprechen kennen: Leuchtturmversprechen, Annäherungsversprechen und Vaterschaftsversprechen.

□ Leuchtturmversprechen

Der Leuchtturm soll mir den Weg weisen; er soll mir helfen, meine Energie nur dort zu investieren, wo ein realistisches Ziel im Raum steht. Müsste ich in der Savanne 20 Mal anrennen, nur um einmal einer Frau zu begegnen, die tatsächlich in Frage kommt, die mir dann aber zu verstehen gibt, dass ich nicht ihr Typ bin oder sie schon in Haft genommen ist, wäre ich vermutlich irgendwann so erschöpft, dass ich auf halbem Weg zur nächsten Fata Morgana zusammenbreche, nicht ahnend, dass diesmal tatsächlich eine Quelle und Palmen in der Wüste auf mich warten.

Es geht beim Zahlenspiel aus der Distanz um nicht mehr und nicht weniger als eine Vorauswahl; darum, möglichst wenige Enttäuschungen zu erleben. Doch wer braucht die heute noch, wenn er jeden Tag auf einer Studentenparty hundert Mädchen kennenlernen kann? Nicht ein einziges Mal habe ich eine der vielen Frauen, die in der Ferne meine Aufmerksamkeit erregten, angehalten, wenn sie an mir vorüberschwebte!

Manche behaupten, bei der Attraktivität von Ober- und der Beckenweite ginge es um Fruchtbarkeit. Dem muss ich aus der Entfernung heftig widersprechen. Erst die Taille ordnet alle Werte ein und einem Alter zu. Ohne sie habe ich von Ferne keine Ahnung, was von alledem mit Fruchtbarkeit zu tun haben könnte, was mit guter Ernährung und was mit Alter.

□ Vaterschaftsversprechen

„Dies ist dein Kind", schwören Durchschnitt und perfektes Mittelmaß dem unsicher von einem auf das andere Bein pendelnden Vater. Doch wen interessiert dieses Versprechen in meiner heutigen Welt eigentlich noch? Wenn acht Milliarden Menschen auf der Erde leben, steht die Gattung nicht mehr auf dem Spiel.

Manche verstoßen deshalb trotzdem auch noch heute den Spross, den sie erzogen haben, wenn ein Gentest Kuckucksvaterschaft beweist. Sie fordern vor Gericht den Preis für 20 Jahre Aufzucht einschließlich der Zinsen zurück. Wie ärmlich! Wenigstens wird dann immer noch ein reißerischer Presseartikel geschrieben, der zeigt, dass es sich um ärgerliche Einzelfälle handelt. Erst wenn so etwas keine Schlagzeile mehr wert ist, muss ich mir Sorgen machen.

Überhaupt wollen immer weniger moderne Menschen Kinder, zumindest in einem Alter, in dem sie es sich leisten können, sich für

Ebenmaß zu interessieren. In den Zeiten von Patchwork-Familien ist es heute ganz normal, dass ich mich jede zweite Woche um die Gene anderer sorge.

Nein! Ob dieser Spross einen halben zerstückelten Chromosomensatz mit mir teilt oder nicht, könnte nicht unwichtiger sein. Weit wichtiger, als meiner unbestimmten Zukunft eignes Genmaterial nachzulassen, ist *Leben schenken.* Den Raum aufspannen, dass dieses Kleine irgendwann es selbst ist. Es geht um Freiheit.
Ich will, wenn ich zurückblicke, das Gefühl haben, wenigstens *eine* Sache in meinem Leben gut gemacht zu haben. Will sehen, dass dieses Kind es selber ist und glücklich. Will sagen können: *Dies – ist – auch – mein – Werk!* Um Gene kann es heute nicht mehr gehen. Es geht um Geist!

Lügen haben lange Beine
Vor kurzem prozessierte ein Mann in Asien gegen seine Frau, da er sich betrogen fühlte. Er hatte mit ihr drei Kinder gezeugt und sie alle waren hässlich wie die Nacht.
Zuerst war er der Meinung, sie hätte ihn betrogen. Doch ein Test bewies das glatte Gegenteil. Dann kam es an den Tag: Sie hatte 100.000 Dollar in Schönheitsoperationen investiert. Dass sie ihm dies verschwieg, wurde ihr als arglistige Täuschung ausgelegt. Denn wenn angehende Mütter sich operieren lassen, heißt das nicht, dass damit automatisch auch die Kinder schön sind, oder wenigstens dem Vater gleich.

Auch wenn wir einmal von der Möglichkeit sich operieren zu lassen absehen, gäbe es im Reich der Tiere keine Art, die so wandlungsfähig in ihrem Aussehen ist, wie der Mensch ganz allgemein und Frauen im Besonderen. Dem Chamäleon können sie kein Wasser reichen. Aber dieses passt sich seiner Umwelt an, um unerkannt zu bleiben. Kleidung und Schminke haben jedoch genau das entgegengesetzte Ziel: auffallen, der Konkurrenz die Augen ausstechen, besser sein. Menschen sind die einzigen Lebewesen, die sich in diesem Kampf Waffen kaufen und mit ihnen lügen können.

Die Natur wurde im Laufe der Jahrmillionen mit so ziemlich allem fertig, hierauf war sie nicht gefasst. Und so werden Männer auch noch in 100 Jahren Durchschnitt anziehend finden.

Es scheint mir im Übrigen so zu sein, dass es sich beim „Pimpen" (das ist Neudeutsch und heißt, dass etwas aufgemotzt wird) um ein Ressourcenumverteilungsgeschäft handelt. Denn wer heute schöner sein will, leiht sich nichts, das er zurückgeben könnte. Er verbraucht seine eigene Zukunft.

Im amerikanischen Slang heißen große Brüste Future-Lower-Back-Problems – Zukünftige Rückenbeschwerden. Junge Mädchen in Amerika und nicht nur dort sind glücklich über diesen Titel. Sie ertragen ihn nur allzu ‚gern', wenn sie dafür *heute* besser gesehen werden. Nötigenfalls helfen sie mit Operationen nach und laden dann Photos von sich im Internet hoch, in denen sie freudig ein Schild in den Händen halten: FLBP. Die negativen Einflüsse von zusätzlichen Gewichten vor der Hütte wirken sich, das wissen alle, ungleich länger aus, als die glückliche Trägerin aus der dadurch gewonnenen Aufmerksamkeit Nutzen zieht. Egal! Was interessiert mich mein Morgen!

Botoxaufgespritzte Lippen und Gesichter singen mir dasselbe Lied. Wenn ich mir Aufnahmen von der „Night of the hundred Stars" ansehe, der Parallelveranstaltung der Oscar-Verleihung, auf der sich alle die einfinden, die nebenan keine Karten mehr bekommen haben, dann wird erschreckend klar: Donatella Versace fällt hier nicht weiter auf. Noch viele Seiten könnte ich zu diesem Thema füllen. Doch will ich besser schweigen. Mich schaudert.

□ Annäherungsversprechen

Mit Erschrecken stelle ich fest, dass zwei der drei großen Botschaften, die mir eine Frau im Vorüberflug machen kann, für mich heute keine Bedeutung mehr haben. Wird wenigstens die dritte etwas wichtiges erzählen?

Sollte einer der Hoffnung anhängen, ein anderer Mensch möge die kommenden 50 Jahre seines Lebens mit ihm teilen, oder mindestens bis dass der Tod ihn scheidet, dann wäre ein Blick in die Zukunft hilfreich. Woran soll er erkennen, dass der andere sich verändern will, am besten noch in dieselbe Richtung wie er selbst?

Mein Anspruch ist da nebenbei gesagt bescheidener: Ich will einfach ein paar Momente, Wochen oder Monate mit jemandem verbringen, ein Stück des Wegs mit ihr gehen, *mit* ihr und *an* ihr wachsen und mich freuen, wenn sie Gleiches mit mir genießt. Ich will immer meine Hände offen halten, nichts festhalten, alles empfangen, nichts besitzen und nicht besessen werden. Immer wissen, dass sie nur deshalb bei mir ist, weil es ihr dabei gut geht. Will wissen, dass die, die ich in Händen halte, da ist, weil sie will.

In jungen Jahren –auch noch heute– fiel mir langes Sitzen schwer. Trotzdem machte ich aus einer komischen Laune heraus eine Art Exerzitien, in denen ich den ganzen Tag nur da saß. Der Trick: Immer nur für eine halbe Stunde entschied ich mich. Ertönte dann der Gong, stand es mir frei, zu gehen. Nie hätte ich gedacht, dass ich nach acht Stunden immer noch ruhig sitzen konnte.

*

Auch wenn meine Interessen sich nicht am Absoluten messen wollen, so geht es mir trotzdem um etwas Besonderes und Einzigartigkeit. Während sie sich nähert erzählt sie mir, was ich wissen will. Sie sagt mir, wer sie heute ist und wohin sie ihre Wege morgen führen.
Meine Ahnung ist jetzt bestimmt nicht schlechter, als das Wissen, der Weg zur Hütte sei genau 957 Meter lang.

Gesichtszüge

Nein! Unsere Kanzlerin hat ihre Falten nicht den Genen zu verdanken. Sie hat sie sich verdient. Und noch viel mehr kann ich in den Gesichtern lesen, wenn ich mich nicht von Ebenmaß gefangen nehmen lasse: Die Lippen erzählen mir, ob sie chronisch unter Druck steht. Wenn sie sich unbeobachtet glaubt, sehe ich, ob sie auch zufrieden ist, wenn keiner sie ansieht. Ich kann sehen, ob sie sich bewusst ist, dass ihre Lippen viel erzählen und sie diese deshalb chronisch vorstülpt.

Könnte ich tatsächlich an ihren Lippen sehen, welche Farben und Werte sie lebt, dann wäre deren optische Veränderung durch Lippenstift oder Silikonspritzen keine rein ästhetische Korrektur. Es wäre eine faustdicke Lüge. Ich würde falschen Werten aufsitzen. Und eine größere und schlimmere Lüge als falsche Werte gibt es nicht, denn diese lassen mich von einem auf das andere schließen. Werte erzählen mir heute schon von der Zukunft.

■ Absturz auf der Seinsleiter

Doch reisen wir noch einmal zurück in das Land mit den schönen Frauen, die mir so viele Rätsel aufgaben, ohne sich dessen bewusst zu sein. Ich forschte ein wenig nach und fand heraus: Dort herrscht großer Männermangel. Diese Mädchen auf dem Bullevard sehen sich schlicht nicht in der Position, ihren eigenen Weg zu gehen und dann selbstbewusst aus etwaigen Bewerbern *den* auszuwählen, der ihnen am besten gefällt. Frau hat Glück, wenn sie überhaupt einen einigermaßen akzeptablen Bewerber erwischt. Nur diejenigen, die aus der über Generationen gezüchteten Schönheit noch einmal herausragen, machen eine gute Partie. Und wer zu spät kommt, sprich, wer es seinem Gegenüber zu schwer macht, findet vermutlich nie einen Partner. Allen Frauen dieses Landes geht es gleich.

Männliche Königskrabben, so lernte ich vor ein paar Wochen in einer Dokumentation, wollen mit einer großen Schere die Damenwelt auf sich aufmerksam machen. Da nun alle damit aufwarten können, winken alle; und da alle winken, will jeder der erste sein. Sie winken im Takt. Was lernen wir daraus?", so der Kommentator der Natursendung: „Wenn alle einen Porsche fahren, ist es auch schon Wurst!"

Im Gegensatz zu besagtem zweiseitigen Auswahlprozess zwischen potentiellen Partnern ist jetzt der Prozess wieder einseitig und fällt zurück auf die Beziehung, die zwischen Blumen und Insekten herrscht. Der eine bestimmt die Regeln, die andere passt sich an. Wem dies schneller und besser gelingt, der macht das Rennen.
Sie weiß, dass ihrem zukünftigen Mann extreme Schönheit wichtig ist und dass sie diesem Standard nur kurze Zeit genügen wird. Trotzdem fügt sie sich in dieses Spiel. Er heiratet dann einen Traum und wacht am nächsten Morgen auf!

■ Innere Schönheit

Ich vermutete lange einen direkten Zusammenhang zwischen dem Grad der Schönheit und der Geschwindigkeit ihres Verfalls. Und so unrecht hatte ich damit –rein statistisch gesehen– nicht. Trotzdem gibt es immer wieder „Ausreißer“, die verhindern, dass aus Statistik eine Regel wird.

□ Das hässliche Entlein ...

Jahre nach der Reise in jenes Land durchblätterte ich mit einer sehr attraktiven Bekannten –sie war zwischen 30 und 40– ein Album ihrer Jugendfotos. Mir fiel auf, dass auf den Bildern aus längst vergessenen Tagen ein unscheinbares, fast hätte ich gesagt, ein hässliches Entlein zu sehen war.

Wie weit war ich noch davon entfernt, zu verstehen. Warum nur werden manche Menschen so ganz gegen den Trend mit jedem Tag schöner, während sich andere schon unaufhaltsam auf dem Abstieg befinden?

Ich nahm meine Bekannte genauer unter die Lupe. Und tatsächlich: sie stellte mir nicht nur eine wichtige Frage, sondern ließ auch Krümel auf den Boden fallen, die meinen Gedanken den Weg wiesen:

Sie ist Künstlerin. Sie liest, fotografiert, reflektiert, und wenn ich eine wesentliche Eigenschaft von ihr hervorheben kann, dann diese: Sie ist *nicht* oberflächlich. Alles, was sie tut, tut sie mit ganzem Herzen. Fast möchte ich sagen: In allem was sie tut, verwirklicht sie sich selbst, ohne Rücksicht darauf, was andere davon halten und denken.

Ich weiß, vorhin habe ich den Versuch, die Abwesenheit von etwas als definierende Eigenschaft heranzuziehen, ungespitzt in Grund und Boden gerammt. Es reicht also nicht, zu sagen, sie ist *nicht* oberflächlich. Ich müsste jetzt positiv formulieren und sagen, was meine Bekannte genau besitzt und was sie jeden Tag schöner macht. Aber vielleicht ist ja die Oberflächlichkeit die Abwesenheit von etwas. Dann wäre die Abwesenheit von Oberflächlichkeit die Anwesenheit von etwas anderem!

Einspruch

Vielleicht konnte sie als Jugendliche nicht mit ihrem Aussehen punkten und versuchte es erst gar nicht? Illusionslos verzichtete sie auf das hoffnungslose Unterfangen, mit anderen auf deren Boden Krieg zu führen und vertrieb sich deshalb die Zeit mit Dingen, die ihr selbst wichtig waren.

Ein Freund, dem ich einen Entwurf dieses Buches zu lesen gab, meinte: „Also doch wieder Kompensation!"

Ich will energisch widersprechen! Das wäre ja so, als würde einer aus Kompensation kochen lernen, weil er keine gute Fertigsuppe im Supermarkt nebenan findet!?? Nein! Meine Bekannte kompensierte nicht, sondern tat genau das glatte Gegenteil davon. Sie ließ –mit der freundlichen Unterstützung der Tatsache, dass sie nicht mit überdurchschnittlichem Durchschnitt gesegnet war– sich nicht von *dem* ablenken, der sie wirklich war. Jahre später war dies von weitem sichtbar.

Sie ist heute schön, nicht als Geschenk oder aus Laune der Natur, auch nicht als Kompensation, sondern als Verdienst und Frucht ihres eigenen Lebens. Fast möchte ich meinem Freund entgegenhalten, dass es genau anders herum ist: Wer sich darauf konzentriert, das zu konservieren, was ihm geschenkt ist, versucht zu kompensieren. Und zwar den zukünftigen Mangel, der eintreten wird, weil er es gerade versäumt, sich um sein Inneres zu kümmern.

Das Wort „Schönheit“ kann so viele Bedeutungen haben. Deshalb will ich an dieser Stelle noch einmal betonen: Wenn ich sage, meine Bekannte ist heute schön, dann meine ich damit nicht, dass sie heute eine Schönheit im Sinn von Durchschnitt ist. Nein, Durchschnitt ist sie immer noch nicht. Sie gefällt mir mehr, als 1.000 andere desselben Alters.

□ Vergebenes Potential

Vor ein paar Wochen las ich in einer der großen Wochenzeitungen ein Interview mit einem bekannten Fotografen. Der Fotograf erklärte, er würde nur noch intelligente Models ablichten. Er würde erkennen, wenn eine prinzipiell schöne Frau dumm sei, da er dann das Gefühl habe, diese sei hinter ihren Möglichkeiten zurückgeblieben. Deshalb würde sie ihm nicht mehr gefallen. Mit anderen Worten ausgedrückt: Der Grad der Verwirklichung der Möglichkeit ist ihm das Maß für Schönheit.

Seine Definition von Identität ging *noch* weiter, als ich es je gewagt hätte: Seiner Meinung nach bestimmen die *Möglichkeiten,* wer jemand ist. Und wenn die Person in der Realität hinter ihren Möglichkeiten zurückbleibt, findet Entfremdung statt. Die Identität leidet.

Je mehr ich darüber nachdenke, desto mehr muss ich ihm zustimmen. Darin liegt wohl auch der tiefere Sinn des Satzes: „Intelligenz macht sexy.“

□ **Mumifizierung zu Lebzeiten**

Ich will das Gesagte noch einmal überzeichnen: Um ein Schönheitsideal, das sich über den Durchschnitt und den Mittelwert definiert, zu konservieren, dürfen Menschen gar nichts tun, was sie einzigartig macht, was ihnen Charakter verleiht. Schließlich ist Ebenmaß (Durchschnitt) ja genau das Gegenteil von Einzigartigkeit.
Wird also sehr viel Wille und Energie investiert, um ebenmäßige und statistische, also zufällige und fremde Schönheit zu konservieren, fehlt diese Energie und Zeit beim Aufbau der eigenen Schönheit. Denn hier arbeitet der Meister an sich selbst.

Der Satz mit der Zahl 30 könnte also etwa Folgendes beinhalten: Wir haben bei unserer Geburt ein Polster an Schönheit geschenkt bekommen, das sich mit der Zeit verbraucht. Diese Schönheit soll uns über die Runden helfen, bis wir uns eigene Schönheit verdient haben. Wenn wir uns jedoch auf diesem Kissen ausruhen, weil es so bequem ist, sind wir dann irgendwann 30 Jahre alt und müssen feststellen, dass der Kredit zu großen Teilen verbraucht ist. Es gibt nichts Geschenktes mehr zu bewundern. Erarbeitetes leider auch nicht.

□ Selbstzweifel

Eine höchst interessante –weil praktische– Frage ist, ob denn meine Schönheit davon abhängt, dass andere diese auch würdigen.
Nehmen wir einmal an, ich sei schön. Der Zweifel anderer wäre nichts anderes als Blindheit, oder ein Mangel an Geschmack. Das eigentlich Verheerende an diesem Zweifel ist der Zweifel selbst, da er einen Mangel an Identität bewirkt. Der Zweifel bestätigt sich de facto selbst. Und dummerweise ist unser Auge darauf trainiert, jeden noch so kleinen Mangel an Selbstbewusstsein aufzuspüren.

■ Ein Blick in die Zukunft

Auf alten Klassen- oder Hochzeitsfotos ist die große Mehrheit der Menschen attraktiv. 20, 30, 40 Jahre später haben sich die Prozentsätze verschoben. Vielleicht erkenne ich jetzt nur noch bei ganz wenigen, um wen es sich handelt. Oft muss ich raten. Manchmal hilft sogar nur noch das Ausschlussprinzip.

Wäre ich noch einmal jung und trüge mich mit dem Wunsch, zu heiraten, dann würde ich mir nicht zuerst ansehen, wie einer *heute* aussieht. Ich würde versuchen, zu ahnen, wie er oder sie *morgen* aussehen wird. Wenn es nämlich so ist, dass mir nur die wenigsten alten Menschen gefallen, dann birgt eine allzu schnelle Wahl das Risiko, dass ich es in ein paar Jahren vorziehe, mit geschlossenen Augen durch meine häusliche Welt zu gehen. Oder mein Blick stumpft ab.

Ob mir *heute* etwas oder jemand gefällt, hängt deshalb davon ab, ob ich guten Gewissens vermuten kann, dass er / sie / es mir auch *morgen* noch gefallen wird. Bei Dingen und Stoffen basiert meine Antizipation mittlerweile auf Wissen. Bei jungen Menschen ist es mehr eine Ahnung. Sie hängt davon ab, was einer heute für sein Morgen tut:

- *Ist irgendetwas dabei, das er sich gewählt hat, ohne darauf zu achten, was andere schön, gut und interessant finden?*
- *Ist er irgendwie schöpferisch tätig?*
- *Macht er Musik, denkt er über den Sinn des Lebens nach, liest er, beschäftigt er sich mit einer der Musen?*
- *Hat er seine eigene Meinung, und vertritt er sie, auch wenn er sich damit unbeliebt machen könnte?*

- *Ist etwas dabei, mit dem er sich lange beschäftigen muss, bevor die Früchte zu sehen sind?*
- *In einem Satz: Wie stark ist er mit der Meinung anderer beschäftigt und inwieweit verwirklicht er sich selbst?*

Bekleid-erscheinungen

□ Der Smoking

Gedrängt von einer Freundin stand ich vor Publikum und trug einen Smoking alter Schule. Sie gab das Lied: *Ob blond, ob braun, ich liebe alle Frau'n!* zum Besten. Meine Aufgabe war es, dazustehen.

Auf der großen Bühne kam ich mir verloren vor und hatte große Angst, dass alle sehen, wie unsicher ich war. Gab es nicht irgendetwas, woran ich mich festhalten konnte? Auch meine Augen wussten nicht, wohin.

Endlich fanden meine Hände ein Art Revers unterhalb der Rippen und es passierte etwas Unerwartetes: Der Smoking richtete mich auf und brachte mich in eine selbstbewusste Haltung. Ich *war* nun selbstbewusst. Aufreizend lässig stand ich da, ließ mich ansehen und sah zurück. Was ich mit meinen Händen machen sollte, war keine Frage mehr. Der Smoking lieh mir etwas und log doch nicht.

Doch nicht nur im Smoking kann ich die Erfahrung machen, dass die richtige Körperhaltung einen wohltuenden Einfluss auf mein Wohlbefinden hat. Auch die aufrechte Haltung, die ich beim Tanzen einnehme, damit ein Mittelpunkt entsteht, um den ich mit ihr kreisen kann, macht selbstbewusst.

Körper und Geist beeinflussen sich also gegenseitig. Ich muss nicht zwangsläufig bei jeder trüben Laune zum Psychologen oder Freunden gehen, damit sie mein Innen wieder in Ordnung bringen und ich danach auch ‚außen ' wieder gerade stehen kann. Wie es scheint würde schon selbstbewusstes Stehen, Gehen oder Sitzen meiner Seele gut tun.

Der Smoking ging davon aus, dass ich eine Einheit bin. Doch nicht alle Kleidungsstücke sind da derselben Meinung. Sie reißen mich zuerst in Stücke und werfen dann den einen Teil –meinen Körper– den Hunden zum Fraß vor. Die geschundene Seele labt sich dann an deren Geifer.

□ Feiarode Hoa

Ein feinsinniges lateinisches Sprichwort, lässt sich in beide Richtungen drehen:

- *Quod licet Iovi, non licet Bovi: Was dem Jupiter erlaubt ist, ist es noch lange nicht dem Rindvieh!*
- *Quod licet Bovi, non licet Iovi: Was für das Rindvieh akzeptabel ist, ist es noch lange nicht für Jupiter!*

Die Biathletin Kati Wilhelm hat die Haare rot. Nicht irgendein gemeines Rot. Feuerwehreinsatzwagenrot. Es ist ihr Markenzeichen und meine Augen haben nichts dagegen. Denn das Haar tritt nicht in Konkurrenz zu seiner Trägerin. Dazu sie ist zu bekannt. – Hin und wieder sehe ich die gleiche Farbe durch Gassen schlendern.

Ob etwas Schmuck ist oder Fleischermesser, hängt also stark an seinem Träger:

- *Goldenes Lametta,*
- *Hüte,*
- *ein Tattoo,*
- *teilweise transparente Kleidung,*
- *ja sogar das eigne Körperteil.*

Sie alle können unterstreichend wirken - oder aber alle Aufmerksamkeit auf sich ziehen und dabei den armen Träger ganz vergessen machen. Was die einen problemlos an sich tragen können, würden andere nicht überleben. Denn der Blick bleibt kleben.

Quod licet Jovi, not licet - lange nicht dem - Bovi.

□ **Kontext**

Neulich lenkte eine junge Frau meine ganze Aufmerksamkeit auf sich. Halt. Ich muss umformulieren: Ihr Erscheinungsbild lenkte mich auf ihren Körper, denn sie hatte Badekleidung an. Am Strand hätte ich ihr vermutlich in die Augen gesehen. Hier aber, wo weit und breit weder Sand noch Wasser, und noch viel schlimmer, auch nicht andere Körper zu sehen waren, reduzierte das vermeintliche Kleidungsstück die Trägerin auf das, was es zur Schau stellte.

Das Wort Geschmack ist also nicht nur das Gefühl, aufgrund dessen ich etwas als schön empfinde, unabhängig davon, was andere sagen. Geschmack zieht Kreise und weiß mich einzufügen, ohne dass ich dabei auf der Strecke bleibe.

Guter Geschmack ist also nicht, zu wissen, wer das neueste Desingerkleid entworfen hat oder das nötige Geld zu haben, sich dieses leisten zu können und dann anzuziehen. Geschmack wählt *das* Kleid, das alle Blicke lenkt und dann doch freigibt. Er zieht mich und die Augen anderer an und achtet den Besitzer. Geschmack lenkt sehr geschickt, denn nichts an mir und meinem Körper darf verhindern, dass mich einer sieht.

□ Farbe und Form

Vor einem Jahr bekam ich eine Farb- und Stilerziehung zum Geburtstag. Ich lernte, dass es nicht nur draußen in der Natur Jahreszeiten gibt, sondern dass, wenn man das so sehen will, auch Menschen dieser Logik folgen: Frühling, Sommer, Herbst und Winter.
"*Dem „Winter" schmeicheln kalte Farben. Der Ginger mit den Sommersprossen sieht –so die Beraterin– in eben diesen krank aus.*"
Plötzlich war mir sonnenklar, *warum* in meinem Kleiderschrank zwei Meter blaue Hemden hingen, ich davon aber keines mehr als ein-, zweimal getragen hatte. Zum besseren Verständnis sei erklärt, dass damals schöne blaue Hemden Zeichen meines Berufstandes waren.

Ich hatte also unbewusst stets abgelehnt, was mir nicht steht und in Unkenntnis der Gründe immer wieder Geld ausgegeben, nur um dann doch meinem Gefühl zu folgen. Noch am selben Tag entledigte ich mich mit einem einzigen Handgriff des über Jahre angesammelten schlechten Gewissens. Die morgendliche Kleiderwahl ist seitdem einfach. Fehlgriffe gibt es keine mehr.

Wenn Firmen den Mitarbeitern für Messeauftritte eine einzige Hemdenfarbe vorschreiben und manchmal sogar im großen Stil einkaufen und jedem Angestellten großzügigerweise fünf davon mit auf die Reise geben, dann kann dies in Kenntnis der vier Jahreszeiten mit gutem Gewissen als Körperverletzung bezeichnet werden. Gibt es nicht auch andere Wege, Erkennbarkeit zu stiften?

*

Eine neue Brille war fällig und ich hatte mit ihrem Kauf auf die Ergebnisse der Stilberatung gewartet. Beim Optiker gestaltete sich die Wahl der Brille unerwartet einfach: Sie sollte leidensfähig sein, so meine eigene Anforderung, denn ich ging nicht gerade zimperlich mit diesen zierlichen Gestellen um. Weiterhin durfte sie nicht über meine Augenbrauen hinausgehen, sollte seitlich mein Gesicht verlängern und idealerweise auch noch eine der beiden Farben haben, die mir am besten zu Gesicht stehen. In der Summe der Anforderungen blieben von hunderten an Möglichkeiten genau zwei Modelle zur Auswahl.

Das Interessanteste kam jedoch danach: Als ich die Brille dann nach einer Woche abholte, bekam ich mein erstes brillenbezogenes Kompliment. Mittlerweile sind es derer mehr als ein Dutzend. Noch nie war dies bis dato auch nur ein einziges Mal vorgekommen.

□ **Accessoires**

Kassiererinnen haben eine Menge Vorteile. Sie sitzen in der Regel still und können sich einer eingehenden Betrachtung nicht entziehen. Je langsamer sie arbeiten und je länger die Schlange, desto mehr Zeit bleibt für Recherchetätigkeiten. Leider werden im Zeitalter der Scanner-Kassen immer öfter nur die Augen einbezogen. Weitaus entgegenkommender sind da Sekretärinnen.

Doch halt, Sie können nicht verstehen, was ich meine. Also noch einmal ganz von vorn. In meiner Jugendzeit spielte ich Klavier. Es gab genau eine gute Lehrerin in unserer Stadt, Frau Hamsa. Über Jahre versuchte ich vergeblich, bei ihr einen Platz zu bekommen. Dann endlich erbarmte sie sich meiner. Meine erste Stunde dauerte dann genau eine Minute, denn meine Fingernägel waren einen halben Millimeter zu lang. Frau Hamsa konnte hören, wenn ich die Finger in korrekter Haltung senkrecht von oben auf die Tasten setzte. Diese Unterrichtseinheit vergaß ich nie.

Wenn also Fingernägel klappern, sitze ich heut auf der anderen Seite und würde dem Klimpern liebend gerne ein Ende bereiten. Gleichzeitig erzählen die Klänge mir so viel: Lange Nägel stören nicht nur die andern, sondern auch die Trägerin. Eine gesunde Handhaltung beim Arbeiten ist völlig ausgeschlossen. Kürzlich sah ich auf einer Internetplattform ohne paarbildenden Hintergrund eine junge sehr attraktive Dame, die in ihrer Selbstbeschreibung angab, Pianistin zu sein. Ich glaubte ihr kein Wort, denn ihre Finger erzählten mir anderes.

Mit wie viel Überzeugung müssen Nägel geklebt sein, damit die Trägerin jede einzelne Sekunde die Konsequenzen spüren will. Abgesehen davon, dass jeder weiß, dass hier eingebildete und aufgeklebte Schönheit über alles geht, schreit sie hinaus, was sie von ihren eignen hält und denkt. Warum sonst würde sie sich mit Plastik schmücken? Wenn sie im Supermarkt Nägel kaufen geht, dann ist klar, dass sie an diesem Mangel leidet. Während Menschen mit schlechten Zähnen versuchen, das, woran sie leiden, zu verstecken, und deshalb nur noch gequält lächeln, findet meine im Altbau entwickelte Regel unerwartet hemmungslose Anwendung: *Was du nicht verstecken kannst, das sollst du zelebrieren.* Fehlt nur noch, dass sie auf Facebook postet: Ich hasse meine eigenen Fingernägel.

Es ist klar, dass vernünftige Arbeit mit überdimensionalen Krallen gar nicht möglich ist. Und es ist sonnenklar, dass hier jemand bereit ist, alles zu glauben, was man ihm erzählt. Denn wie sonst käme sie auf die Idee, ein anderer Mensch mit Augen und Ohren fände solche Finger schön?

Supermarktkassen haben weiter den Vorteil, dass jetzt jede Begegnung in Zeitlupe abläuft und kein Zeichen alleine bleibt. Sie sind also der ideale Ort, um Werte zu sehen. Denn jeder Wert wirkt tausendfach. Es mag nicht klar sein, warum dieser dort gerade schnell fährt: Ist er König, Kämpfer oder Tänzer? Könnte ich doch nur schnell einen Blick in das Wageninnere werfen, vielleicht sogar sehen, was er anhat und was auf seiner Rückbank liegt.

Hier an der Kasse höre ich also nicht nur Nägel. In aller Ruhe habe ich Zeit, mich umzusehen: Wie oft lächelt sie in den Minuten, die ich in der Schlange stehe. Erzählt mir ihr Gesicht, dass es auch zu Hause nicht viel zum Lachen gibt? Sieht sie mich böse an, weil mein Witz sie überreden will, zu lächeln oder freut sie sich darüber. Versteht sie meinen Witz, den ich nach einem ersten Erfolg auch noch ins Absurde wende. Wie intelligent ist sie?

Verstellen mir Wimpern als die letzte Verteidigungslinie die Tür zu ihr und verhindern, dass ich doch noch einen Menschen sehe?

Noch so viel anderes sehe ich in den lehrreichen Minuten, bis ich zahlen kann. Ich sehe Details und schließe auf den Rest - und habe dann auch noch die Zeit, zu prüfen, ob und wie sehr ich danebenlag. Denn kein Zeichen bleibt für sich allein. Ganz selten leiste ich inzwischen innerliche Abbitte.

*

Täglich tausend ferne Begegnungen, hundert mögliche Anfänge, viele neugierige Blicke; alle enden sie im besten Fall mit einem mutig-schüchternen Blick über meine Schulter. Die Erinnerungsbilder landen dann auf einem von zwei Stapeln: Auf dem dickeren der beiden zeigt das Bild, dort wo die Augen sind, einen weißen Fleck. Umso schärfer zeichnet sich der Rest. Ich schäme mich vor mir selbst und will von jetzt an nur noch Augen sehen.

Dann plötzlich, ich will schon nicht mehr in den Spiegel sehn, erfasst mein Blick den anderen Stapel: Augen und nicht viel dazu. Mein Gewissen beruhigt sich und ich zensiere doch nicht mehr. Im Gegenteil. Ich lasse allen Versuchungen ihren Lauf und bin gleichzeitig stiller Beobachter meiner selbst und schreibe mit.

*

Studien scheinen zu belegen, dass der gemeine Mann nicht zuerst ganze Frauen sieht, sondern Frauenprimärkomponenten. Was mich schockiert, ist die Information, dass die statistische Frau mit ihrer Konkurrenz keine bess're Umgangsweise pflegt. Auch *sie* sieht Einzelteile. Selten war ich so verwirrt.

Doch dann sah ich eines Tages rein zufällig in einen Spiegel und verstand: Wem immer ich auch in meinem Leben begegne, stets bietet sich mir die Möglichkeit, ein Innen zu erahnen. Ganz anders ist es, wenn ich vor einem Spiegel stehe: Hier blickt das Innen aus sich heraus und begegnet einem Außen. Auch wenn ich selbst mir immer ein Geheimnis bin, ist der Spiegel der letzte Ort, wo ich auf die Suche nach meiner Seele gehe. Hier habe ich meinen Körper seelenlos vor mir. Wieso sollte die durchschnittliche Frau nach stundenlangem Selbstzerrissensein ausgerechnet mit der Konkurrenz barmerzig sein?

Resumée

Gefühle sind die Sprache, in der mein Unterbewusstsein mit mir in Verbindung tritt. Ganz allgemein scheint die Bildung des Mittelwertes einer *der* Wege zu sein, wie mein Unterbewusstsein sich seinen Reim auf die Dinge macht. Es wirft alles, was ihm über den Weg läuft, nach Aspekten fein säuberlich geordnet in jeweils einen eigenen Topf und rührt.

Wenn ich „schön" empfinde, dann gibt mir damit das Unterbewusstsein eine schnelle Ersteinschätzung dessen, mit wem oder was ich es hier zu tun habe: ist es krank oder gesund, ist es fremd oder gehört es dazu. „Schön" signalisiert auch das gute Gefühl, dass ich hier bekommen werde, was ich erwarte.

Doch ich war eigentlich nicht ausgezogen, um der Schönheit auf die Spur zu kommen. Ich wollte wissen, warum mir etwas und einer heute schön erscheint und morgen wieder nicht. Und umgekehrt. Mangel an Geschmack ist *ein* Grund für meinen Wankelmut. Denn ich weiß oft gar nicht, was ich will. Gezielte Werbung, sei es im TV oder direkt an der Frau, pflanzt mir dann jeden Tag neue und andere Wünsche ein. Ich sage: Will haben! Mein Gefühl sagt: *Schön.*

Doch es gibt noch einen anderen Grund, warum die Kommuni-

kation zwischen meinem Unterbewusstsein und mir gestört ist: Wenn es um „Schönheit“ geht, werden nicht nur meine eigenen unzähligen Erfahrungen, Erwartungen und Hoffnungen in den Suppentopf geworfen, sondern auch *die* aller Vorfahren. Je weniger eigene Daten verarbeitet werden, desto größer ist zwangsläufig *der* Anteil, der von anderen übernommen wird.
Doch ich darf nicht mit dem Finger auf andere zeigen und sagen: Meine Ahnen sind an allem Schuld. Denn ich selbst trage einen wesentlichen Anteil daran, was in meinem Unterbewusstsein gespeichert ist, oder eben nicht. Je weniger *es* von mir weiß, weil *ich* von mir nichts weiß, desto mehr muss es sich auf andere verlassen.

*

Tischtennis stellt wie kaum eine andere Sportart, extrem hohe Anforderungen an die Reaktionsgeschwindigkeit. Der Sportler muss, so heißt es, einen Schlag zirka 50.000 Mal bewusst und richtig ausführen, damit er auch unbewusst, das heißt, reflexartig funktioniert.

Häufige *bewusste* Wiederholung landet also irgendwann im *Unterbewusstsein.* Ich kann also mein Unterbewusstsein füttern und trainieren. Mein *unbewusster* Geschmack ist also auch das Ergebnis meiner eigenen *bewussten* Beobachtungen. Ich muss mir Geschmack erarbeiten. Das geht nicht von heute auf morgen. Wenn ich jedoch weiß, was ich will, und lerne, die Zeichen dafür zu lesen und regelmäßig die Erwartung mit der Realität abgleiche, dann erkennt mein Unterbewusstsein, was mir wichtig ist. Immer besser wird seine schnelle positive Ersteinschätzung mit meiner Erwartung übereinstimmen.

Genau hier liegt der Sinn des Begriffes Identität. Das „Innen“ entzieht sich meiner schnellen Einschätzung. Deshalb muss ich vom

Außen auf das Innen schließen. Je weniger ich mich dabei auf grelle Zeichen verlassen kann, weil sie käuflich zu erwerben sind und nicht viel *mehr* über den Besitzer aussagen, als dass dieser sie gekauft hat, desto mehr muss ich auf Zeichen achten, die man nicht im Supermarkt findet.

*

Ich war zirka 35 Jahre alt und einmal im Monat besuchte ich einen Kunden. Der einzige vernünftige Ort in dieser Stadt um abends auszugehen, war ein großer Komplex mit drei lauten Diskos, eine für jede Altersgruppe. Um später ohne Trillerpfeife ins Bett zu gehen, stopfte ich mir die Ohren zu. Wie überrascht war ich, jetzt alles viel besser hören zu können. Die lautesten Frequenzen hatten mein Gehör bis an die Grenzen belastetet. So viele Feinheiten waren mir deshalb entgangen!
Wie meine Ohren damals versuche ich heute auch meine Augen vor allzu intensiven Eindrücken zu schützen: Ich setze mir eine vorgestellte Sonnenbrille auf und suche nach Früchten, die nicht ganz vorne am Baum hängen und laut *„hier“* schreien:

- *Aus welchem Holz ist er, sie, es geschnitzt? Welche Farben lebt er?*
- *Wie sieht er drein, wenn er sich unbeobachtet glaubt?*
- *Was hat einer sich mit eignen Händen und Gedanken ins Gesicht geschrieben?*
- *Tut einer sich Gewalt an, um anderen nicht weh zu tun oder lebt er mit beiden, sich und seiner Welt in Frieden?*

Im Gegensatz zum Mittelwert, den zu erkennen mir geschenkt ist, musste ich Identität sehen lernen. Je mehr ich beobachte, überprüfe, verstehe, wann und wo ich mich getäuscht habe, je mehr ich auch leise Zeichen lesen lerne, desto weniger Widersprüche zeigen sich in meinem emotionalen Erleben.

Ich fühle heute immer noch, aber nicht mehr im Drogenrausch, sondern als Fest, bei dem ich leicht beschwipst schwebe, aber nicht *so* betrunken bin, dass ich permanent über meine eigenen Füße stolpere!

*

Jetzt weiß ich, warum mir in der Kunst nie Widersprüche begegneten. Dort gibt es *keine* Mitte, *kein* Innen und *kein* Außen; es geht auch *nicht* darum, dass einer eilig vorüberzieht und mir dabei noch schnell etwas versprechen müsste, weil es sonst zu spät ist. Oder ich mir etwas ausmalen. Parallelen ziehen macht genauso wenig Sinn!

Wem wichtig ist, dass Kunst im herkömmlichen Sinne *schön* ist, der will, dass sie die Welt kopiert. Doch das Herstellen eines perfekten Portraits ist bestenfalls filigranes Handwerk, aber keine Kunst, auch wenn nicht viele dazu in der Lage sind. Will ein Portrait *mehr* sein, als eine gelungene Kopie, dann muss es meinen Augen Dinge erzählen, die ich selbst so nicht sehen würde.

Nein! Keiner der Gründe, die ich für Schönheit entdecken durfte, macht bei dem, was Kunst meinem Verständnis nach ist, einen Sinn. Nur einer Sache kann ich sicher sein: dass die Kunst meine Schubladen umkippt und Verbindungen herstellt, wo früher Trennwände standen. Denn der Lebensinhalt des Künstlers ist die Wiederherstellung einer Einheit, die andere auseinander rissen. Je mehr Teile er versteht, in eins zu fügen, desto größer seine Kunst. Und desto schöner!

Wenn ich also in der Kunst *schön* empfinde, ist es das gute Gefühl der Wiedervereinigung. Weit öfter, als Kunst in diesem höheren Sinne *schön* ist, verwirrt sie mich, da sie Einbrechern gleich alles aus meinen Fächern räumt und auf den Boden wirft, ohne mir die neue Ordnung zu erklären.

*

Nur allzu oft leiden Menschen darunter, *nicht* Durchschnitt zu sein. Wer will es ihnen verdenken, denn je weiter einer von der Mitte lebt, desto geringer die schnelle Anerkennung. Stark ist also die Versuchung kleiner Lügen, die einen näher in die Mitte rücken. So manches Mädchen pusht sich deshalb etwas Weite an, denn eine stolze Brust wird doppelt gern gesehen.
Doch dieses Schwert schmeckt bitter, denn jetzt ist nicht das Mädchen *nebenan,* sondern der *eigene* Körper die größte Konkurrenz. Es nagt der Zweifel aller Schönen dieser Welt nun auch an ihr: Bin ich tatsächlich selbst gemeint?

Wer unten auf der Leiter sitzt, muss sich vielen Erwartungen anpassen. Die Blume tat dies für die Biene – und liefert süßen Nektar im Austausch für Bestäubung. Eigene Wege gehen darf sie nicht.
Doch wenn sich viele anpassen, dann macht dies die Augen derer, die oben sitzen, blind. Immer weniger sehen sie. Immer fokussierter sind sie. Immer einfacher muss die Welt sich zeigen, um Anerkennung zu finden. Irgendwann sind nur noch Kopien schön. Wie in der chinesi-

schen Oper. Das Original, es existiert in der Vergangenheit und sorgt dafür, dass Kopieren eine hohe Leistung ist.

Doch menschliche Schönheit hat nichts mit der chinesischen Oper zu tun. Hier finden wir das Original nicht in der Vergangenheit, sondern in der Zukunft. So wenig es *heute* auch Beachtung finden mag, *morgen* schon wird es alle leblosen Kopien ausstechen. Mit zirka 30 wird es also noch einmal wirklich spannend!

Das einzige, was am Ende zählt,
ist,
dass *ich* ich-selbst bin.

Wollen auch Sie Feedback geben, mit mir diskutieren oder einfach über neue Projekte informiert sein?

Dann besuchen Sie mich auf: **www.facebook.com/mart.mirente**

Zeitfracht Medien GmbH
Ferdinand-Jühlke-Straße 7
99095 Erfurt, Deutschland
produktsicherheit@kolibri360.de